Les secrets du thé

Données de catalogage avant publication (Canada)
Worwood, Susan, 1954-
    Les secrets du thé
    (Collection Alimentation)
    ISBN 2-7640-0352-8
    1. Thé.   2. Cuisine (Thé).   3. Divination par les feuilles de thé.
I. Titre. II. Collection.

TX415.W67 1999   641.3'372   C99-940965-4

LES ÉDITIONS QUEBECOR
7, chemin Bates
Outremont (Québec)
H2V 1A6
Tél.: (514) 270-1746

©1999, Les Éditions Quebecor
Bibliothèque nationale du Québec
Bibliothèque nationale du Canada
ISBN: 2-7640-0352-8

Éditeur: Jacques Simard
Coordonnatrice de la production: Dianne Rioux
Conception de la page couverture: Bernard Langlois
Illustration de la page couverture: Christine Gagnon
Révision: Sylvie Massariol
Correction d'épreuves: Jocelyne Cormier
Infographie: Jean-François Ouimet, JFO Design

Nous reconnaissons l'aide financière du gouvernement du Canada par l'entremise du Programme d'Aide au Développement de l'Industrie de l'Édition pour nos activités d'édition.

Susan Worwood

Les secrets du thé

LES ÉDITIONS
Quebecor

INTRODUCTION

*Il est préférable d'être privé
de nourriture pendant trois jours
que de thé pendant une seule journée.*

Vieux proverbe chinois

*L*a deuxième boisson la plus consommée dans le monde après l'eau, bien entendu, est le thé. À ce titre, déjà, le thé revêt un intérêt tout particulier. Et il redouble d'intérêt lorsqu'on sait que cette boisson est bue partout dans le monde depuis déjà plusieurs millénaires par toutes les couches de la société, dans des pays très pauvres aussi bien que dans des contrées très riches. Le thé a aussi un petit côté mystérieux fort attirant: on s'en sert pour prédire l'avenir depuis la nuit des temps. Puis, il y a ces étranges cérémonies et ces petits salons de thé qui ont l'air tout droit sortis d'un autre monde, d'un autre âge.

Décidément, il y a quelque chose comme un jeu, dirait-on, qui se cache derrière le fait de consommer cette boisson qui se boit aussi bien chaude que froide, qui peut aussi bien réchauffer que réconforter ou désaltérer. Il y a, dans le fait de se servir un bon thé, un genre de plaisir qui n'est pas loin de celui que ressent l'amateur de cigares, ou même de bons vins. Le thé a ses goûts, ses arômes, ses pays d'origine, ses distinctions autant que ses lieux, ses moments et ses amateurs.

Et il a, bien sûr, ses vertus! Depuis longtemps, instinctivement, on le pressentait actif sur le plan de la santé des humains. Mais voilà que de plus en plus de raisons poussent les scientifiques de tout acabit à croire en ses véritables vertus pour la santé. Principalement, on le croit efficace pour réduire les risques de certains cancers ainsi que de maladies cardiovasculaires. Le thé a même déjà fait l'objet de deux symposiums internationaux. L'intérêt qu'on lui porte va grandissant. Les consommateurs avertis, préoccupés par leur santé, le redécouvrent avec joie. Comble du bonheur: le thé est très bon marché. Même un très bon thé demeure généralement abordable.

Prendre le temps de déguster un thé, inviter quelqu'un à prendre un thé constituent de plus une trêve dans nos vies trépidantes. Le thé porte en lui les germes du calme, de la paix, de la sérénité. Il invite à l'introspection. D'autre part, quand il est question de cérémonies du thé, on peut presque parler d'un art. Le thé est, hors de tout doute, une boisson aux mille facettes, aux mille dimensions qu'il est fascinant de découvrir. Mais il ne faudrait certes pas oublier le côté olfactif du thé! Humer le thé fait partie du processus tout comme on cherche les arômes d'un vin ou d'une bière. Les arômes que le thé contient peuvent varier entre des notes allant des plus sucrées aux plus douces, en passant par les plus agréables surprises.

Le thé peut en outre être utilisé en cuisine pour concocter des plats magnifiques, sortant assurément de l'ordinaire. Dans un tout autre domaine, certains utilisent même du thé vert pour donner une odeur plus agréable à la litière de leur chat…

Décidément, il a beau être vieux de quelques millénaires, le thé nous fait encore découvrir chaque jour de nouvelles façons de l'utiliser et d'en jouir.

Chapitre 1

L'HISTOIRE
ET LES ORIGINES
DU THÉ

*C*omme c'est le cas pour bon nombre d'autres boissons, la tasse de thé aurait été découverte par hasard. Enfin, c'est ce que veut la légende fort répandue que voici...

Un jour de l'an 2737 av. J.-C., l'empereur chinois Chen Nung (qui était en fait un dieu!) était à boire un bol d'eau chaude lorsqu'il vit quelques feuilles de thé y tomber, transportées par la brise. Attiré par l'arôme qu'a vite dégagé le mélange, il aurait continué de boire son bol d'eau chaude avec les feuilles, plutôt que de les retirer. Il ne savait pas encore qu'il venait d'inventer une boisson qui allait traverser les âges, les siècles, avec toujours autant de popularité.

Sous la dynastie des Shang (1766-1122 av. J.-C.), le thé était carrément, et surtout, utilisé comme médicament. De 618 à 907, en pleine dynastie Tang, ce fut l'époque du thé bouilli. Conservé en genre de briques pour en faciliter le transport, le thé était écrasé et émietté, puis bouilli avec toutes sortes d'ingrédients: des épices, de l'oignon, du riz, du lait, du gingembre, etc. Plus tard, sous la dynastie Song (960-1279), on l'écrasait en poudre avant de le battre dans l'eau. (Il s'agit en fait de l'origine du procédé encore utilisé lors des cérémonies du thé.) C'est aussi à cette époque qu'on commença à le boire en infusion comme on le fait encore aujourd'hui et que la boisson devint vraiment très populaire.

Si ce nouveau plaisir fut d'abord réservé à la royauté, il déborda vite les frontières chinoises pour bientôt atteindre la Corée, puis le Tibet. Mais en Chine toujours, à cette même époque, porter l'eau à ébullition pour préparer un thé relevait carrément de l'art. On allait même jusqu'à organiser des compétitions entre amis pour mesurer son habileté à cet égard et sur la préparation du thé en général. Durant cette période, on n'utilisait pas de feuilles libres dans l'eau pour faire le thé. On affectionnait plutôt les balles de feuilles, que l'on trouve encore aujourd'hui. Les feuilles libres apparurent sous la dynastie Ming (1368-1644).

Par ailleurs, la dynastie des Tang (618-907) avait déjà élaboré et perfectionné l'art de fabriquer la porcelaine. La porcelaine blanche gagna notamment ses lettres de noblesse durant cette ère: on l'affectionnait particulièrement pour la confection des bols à thé. On imagina aussi, durant cette période, de nouveaux outils pour répondre aux besoins des buveurs de thé, de plus en plus nombreux. C'est alors qu'on inventa la soucoupe, par exemple, afin de protéger les mains de la chaleur du bol.

C'est aussi à cette époque qu'apparut en Chine une nouvelle dimension donnée au thé. Au-delà d'une simple boisson, il allait devenir synonyme de poésie, d'art, de spiritualité, symbole aussi de paix et de ralliement. On pouvait dès lors parler de «l'esprit du thé». Ce nouveau phénomène n'est certainement pas étranger au fait qu'un philosophe chinois fit paraître durant ces années, en 780 exactement, ce que l'on considère comme le premier traité chinois du thé. Philosophie, bouddhisme, méditation et thé y étaient étroitement liés.

Mais comme pour à peu près tous les plaisirs de ce monde, on revendique l'invention du thé de toutes parts. Aussi, l'Inde a sa propre version des faits. Pour les Indiens, c'est un moine bouddhiste qui l'aurait découvert au VIe siècle ap. J.-C.

Beaucoup plus tard, en 1823 précisément, la reine Victoria de Grande-Bretagne, voyant ses sujets devenir de grands buveurs de thé, décida que son pays gagnerait au change s'il se mettait à produire lui-même son thé. Elle fit donc en sorte que l'on cultive du thé depuis l'Inde, plus précisément dans la région d'Assam. Les colons furent nombreux à s'embarquer pour le bout du monde, pour aller tenter une expérience qui devait être enrichissante, mais qui se révéla extrêmement difficile. Le climat se montra cependant parfait pour la culture du thé; le sol et les facteurs topographiques aussi.

On constata donc rapidement que le thé ainsi cultivé produisait des feuilles beaucoup plus grosses que celles du thé produit en Chine, si bien qu'on n'avait plus besoin que de la moitié du thé habituellement nécessaire pour produire une livre de thé séché. Saisissant rapidement la bonne affaire, les Anglais firent agrandir la plantation, qui produit aujourd'hui quelque 250 millions de kilos de thé d'Assam.

Il y a aussi ailleurs en Inde d'autres types de thé qui se rapprochent davantage du thé chinois. Il a d'ailleurs été implanté à peu près autour des mêmes années que le thé d'Assam, soit vers 1840. Quelques millions de plants avaient été transportés jusqu'en Inde dans les années 1800, notamment par la East India Tea Company.

Au Japon, on s'est aussi servi du thé comme d'un médicament avant même d'en faire une simple boisson. Dès 729 de notre ère, des écrits historiques japonais faisaient état d'une sorte de poudre de thé, le hiki-cha, qui serait très près du matcha chinois. Une autre histoire fort répandue attribuait plutôt à un moine bouddhiste la découverte du thé entre 803 et 805 ap. J.-C. Ce moine, ayant constaté combien les moines chinois demeuraient alertes durant les longues heures de méditation, avait supposé que c'était grâce au thé. Convaincu des bénéfices que pouvait procurer cette boisson, il aurait rapporté des plants de thé à son empereur qui aurait rapidement encouragé la culture de cette nouvelle plante. Et là encore, une véritable culture du thé s'est rapidement installée, devenant notamment inséparable de l'art et de ses objets.

LES PAYS DU THÉ

Évidemment, l'ayant «inventé», les Chinois ont continué par la suite de jouer un rôle important dans l'histoire du thé. Ils ont notamment été les premiers à cultiver le théier. Depuis des siècles, pour ne pas dire des millénaires, quantité des meilleurs thés du monde proviennent de la Chine. Et depuis fort longtemps et encore aujourd'hui, le thé préféré des Chinois est le thé vert. Il s'agit d'ailleurs du principal type de thé que produit le pays; on peut cependant y trouver des centaines de variétés de thé vert.

D'autres très bons thés proviennent du Japon, par exemple, alors que Taiwan produit d'excellents oolongs. Évidemment, comme je le mentionnais précédemment, les grands amateurs de thé que sont les

Anglais ont rapidement cherché à cultiver cette plante, ce qu'ils ont fait en Inde à compter de 1839. Leurs résultats demeurèrent très peu intéressants pendant longtemps, en fait, jusqu'au jour où l'Angleterre envoya ni plus ni moins un espion déguisé parcourir la Chine afin qu'il mette la main sur les secrets du succès du thé chinois. Aujourd'hui, l'Inde figure parmi les grands producteurs de thé — en ce qui a trait à la qualité aussi bien qu'à la quantité — aux côtés du Sri Lanka et de quelques autres. Tous ces grands producteurs figurent aussi au registre des grands consommateurs.

D'autres pays encore — ils sont en fait une quarantaine au total — produisent, bien sûr, du thé, mais en quantité et souvent en qualité beaucoup moins notable, à moins d'exception. Le Kenya, justement, fait figure d'exception puisqu'il produit un thé de grande qualité. Toutefois, les thés produits en Indonésie aussi bien qu'en Russie ou en Amérique du Sud revêtent moins d'intérêt.

De façon générale, les conditions idéales pour la production du thé demandent des régions montagneuses et fraîches.

LES DIFFÉRENCES CULTURELLES

Si le thé est une boisson populaire partout dans le monde depuis des millénaires, la culture entourant le thé est cependant nettement différente d'un pays à l'autre. Le *tea hour* si populaire à l'Angleterre n'a absolument rien à voir avec les cérémonies du thé japonaises. Le sachet de thé instantané qu'ont inventé les Américains et que consomment des millions d'entre eux sont à des lieues du samovar qu'on boit encore en Russie. Il faut cependant savoir que même s'ils sont aujourd'hui friands de thés noirs, les Américains ont d'abord et longtemps bu du thé vert uniquement, auquel ils ajoutaient du beurre et du sel. Au XVIIIe siècle, les Américains consommaient également des thés parfumés de façon assez particulière... Certains étaient, entre autres, parfumés au safran.

La vaisselle utilisée pour faire ou pour boire le thé a ses caractéristiques propres dans chaque pays. Si la tasse de porcelaine est un impératif pour l'Anglais, le Russe, lui, préfère le verre. Si les Anglais se demandent encore s'il faut mettre du lait dans le thé et, si oui, s'il faut le mettre dans la tasse ou le verre avant ou après le thé, le Russe boit le sien avec du jus de citron ou de la confiture. Il lui arrive aussi de le sucer simplement à travers un carré de sucre qu'il tient entre ses dents. Les Iraniens se situent très près des Russes dans leur rapport au thé: ils utilisent aussi le samovar et aiment bien sucer le thé à travers un petit sucre. Dans certains pays d'Asie, on casse parfois l'amertume du thé avec une sorte de beurre.

Depuis deux décennies, les Français comptent parmi les consommateurs de thé les plus avertis de la planète. Ils consomment un grand éventail de thés et laissent une large part aux grands crus, aux thés blancs, etc. Ils s'intéressent même beaucoup aux soins apportés à la préparation du thé ainsi qu'aux détails artistiques des éléments du nécessaire à thé; de plus, ils fréquentent les salons de thé plus assidûment que ne le font les Anglais. Mais ils ne sont pas pour autant de grands consommateurs de thé, quantitativement parlant, contrairement aux Anglais qui, étrangement, sont plus voués aux *blends* sans personnalité qu'aux thés très typés!

Au Maroc, le thé à la menthe est presque un emblème national. Un emblème d'hospitalité. Jamais un étranger ne saurait être accueilli quelque part en ce pays sans s'être d'abord fait offrir une tasse de thé. Les Chinois aussi partagent cette façon d'utiliser le thé comme entrée en matière, comme symbole d'accueil. De plus, dans la culture chinoise du thé, il est important d'apprécier le thé à tout moment du processus de préparation. On ne sert pas une tasse de thé à un Chinois après l'avoir préparé à l'abri des regards, à la cuisine. Le Chinois tient à apprécier le thé alors qu'il est encore sous sa forme séchée; il tient à ne rien manquer du spectacle de l'infusion, alors que les feuilles se déroulent, s'étendent, et donnent enfin leur couleur à l'eau. Ensuite seulement, il peut boire véritablement; boire et savourer. Le plaisir aura été complet.

L'INTRODUCTION EN OCCIDENT

Le thé est entré en Occident en empruntant la route de la soie vers le Ier siècle après Jésus-Christ. Au fil du temps, il s'est taillé une place dans les caravanes chargées d'épices, de soie et d'autres denrées. Vers 1600, les Pays-Bas constituèrent le premier pays d'Europe à importer du thé. Ils furent bientôt imités par les Anglais, puis par les Français, mais ce sont encore les Néerlandais qui introduisirent la nouvelle boisson en Amérique du Nord. Pourtant, dès 1556, le Portugal avait déjà ce que l'on appelle un comptoir en Chine et en ouvrait un autre peu de temps après au Japon. Bien qu'il se soit, dès le départ, assuré une place de choix sur l'échiquier, ce pays ne réussit cependant jamais à tirer son épingle du jeu en ce qui a trait au commerce du thé.

Beaucoup plus tard, soit au XIXe siècle, le thé s'est retrouvé à bord de bateaux anglais appelés *Tea Clippers*, qui faisaient la navette entre Canton et Londres. L'Angleterre joua dès lors un rôle déterminant non seulement dans le domaine du thé, mais aussi dans celui de l'opium, alors très florissant. En fait, elle se servit de cette puissante drogue pour détourner les Chinois du protectionnisme qu'ils tentaient d'instaurer relativement au thé et pour «asservir les hommes». L'opium finit par miner l'économie chinoise et par mener à des guerres. Enfin, le monopole de l'Angleterre en ce qui a trait au commerce du thé, en Chine, fut aboli en 1834.

Pendant longtemps, les Européens ne burent que du thé vert en provenance du Japon et de la Chine. Il fallut attendre la production indienne de thé noir et le début du XIXe siècle avant de les voir se tourner vers cette nouvelle option. Aussi, le fait que l'Angleterre se mit à produire du thé dans ses colonies entraîna rapidement une baisse du prix du thé en Europe. Le thé, qui avait été pendant longtemps hors de prix, devenait du coup accessible au plus grand nombre, d'autant plus qu'on le popularisa lors des expositions universelles de la fin du XIXe siècle.

Cette popularité incessante aura bientôt fait de gagner l'Amérique. D'abord friands de thé chinois que leur avaient fait découvrir les Néerlandais au XVIIe siècle, les Américains changèrent de cap pour lui préférer bientôt le thé noir. Ils en devinrent tellement dépendants que le thé se retrouva même un jour de 1773 au centre d'un conflit historique avec l'Angleterre: le Boston Tea Party. L'événement prit la forme d'un boycot du thé importé par l'Angleterre dans sa colonie, afin de contester les taxes jugées exagérées par le peuple. À partir de ce moment-là, l'Amérique s'approvisionna elle-même en thé plutôt que de passer par l'intermédiaire de l'Angleterre, de qui elle allait d'ailleurs bientôt obtenir son indépendance.

L'HEURE DU THÉ

En Angleterre surtout, mais aussi en Amérique du Nord, l'heure du thé est un moment béni et sacré dans la journée de bien du monde, surtout des femmes. Un peu partout dans le monde, les salons des grands hôtels offrent encore à leurs clientes de venir passer le *tea hour* chez eux. Les salons de thé ont du reste toujours existé et connaissent d'ailleurs une récente recrudescence. On y trouve des gens de tous âges et de tous les horizons.

Mais d'où nous vient donc cette tradition de l'heure du thé? C'est à Anna, duchesse de Bedford qui vécut au XIXe siècle, que nous devons ce petit moment de repos de la fin d'après-midi. La duchesse, qui avait invité quelques amis à venir prendre le thé, discuter et se sucrer le bec, vers 17 heures, ne se doutait pas à quel point elle allait être imitée pendant des siècles.

Aujourd'hui, lorsque l'on se fait inviter au thé, il faut savoir que deux usages prévalent. Il y a le thé que l'on dit de l'après-midi *(afternoon tea)*, celui que l'on sert à 16 heures avec, selon la méthode classique, des petits sandwichs, des brioches et des biscuits. Cette heure du thé est celle des riches des classes supérieures. On appelle aussi ce petit repas de fin d'après-midi un *low tea*, faisant référence au fait qu'il est servi sur des tables basses. Quant au *high tea*, qui fait plutôt partie de la vie des gens de la classe moyenne, il a lieu vers 17 heures, voire 18 heures. Ce repas, ni plus ni moins, est constitué de viandes, de pain, de biscuits et de brioches. Nettement plus consistant, il est servi sur des tables plus hautes, comme son nom l'indique. Il est apparu lorsque la révolution industrielle, entraînant un bouleversement des horaires, obligea les gens à servir les repas à une heure plus tardive. Il fallut bien faire patienter son monde un peu... Plus tard, ce sont les réseaux d'affaires qui ont utilisé ce moment pour faire fructifier leurs *business*. Ce *tea hour* de 17 heures est souvent simplement appelé le *five o'clock*.

MONSIEUR LIPTON ET CIE

Le thé, comme bien d'autres denrées, n'a pas échappé à l'ère industrielle. Dès 1880, la machinerie en tout genre est venue transformer en un tourne-main un domaine, qui est du coup devenu une industrie. Toutes les étapes de la fabrication pouvaient désormais se dérouler de manière mécanisée. Les producteurs pouvaient accélérer leur production, faire plus, beaucoup plus, en moins de temps. Comment résister? Parallèlement à ce phénomène, celui du thé en sachets est apparu. Un Irlandais d'origine, Thomas Lipton, vit dans la combinaison des deux nouveautés l'occasion de tirer son épingle du jeu plus qu'honorablement. Considérant aujourd'hui l'ampleur qu'a prise ce qui est finalement devenu l'empire Lipton, on peut affirmer que son instinct ne l'avait pas trompé.

Si M. Lipton réussit très bien son défi autant que sa vie, il ne fut pas le seul à tirer profit de la nouvelle manne. L'industrialisation a, au fur et à mesure des décennies, pris davantage le pas sur l'ère artisanale, si bien qu'aujourd'hui, le thé fabriqué de manière industrielle a carrément envahi les tablettes des magasins. Et il va sans dire que cette manière de faire, qui privilégie par-dessus tout la quantité, a obligé les producteurs à sacrifier la qualité. Il demeure encore aujourd'hui des lieux bénis qui se sont bien gardés d'entrer dans la production effrénée. Des lieux bénis qui produisent encore des thés magnifiques, à la manière artisanale; des thés qui sont le moins trans-formés possible, parfois pas du tout, et qui libèrent des arômes et des saveurs que jamais un sachet ne saura rendre. (Pour en savoir plus sur le thé en sachets, voir le chapitre 4, intitulé «Les types de thé».)

Un autre résidant de la Grande-Bretagne, Tomas Twinning, compte aussi parmi les *success stories* du thé. Celui-là avait été actif dans le Londres du début des années 1700. Après avoir dirigé avec succès un simple café, Tomas Twinning décida de partir un second commerce où serait simplement vendus dif-férents thés et cafés. À une époque où le thé devenait une denrée de plus en plus populaire, M. Twinning ne s'était pas trompé. En 1837, quoique lui-même ne fût plus là pour en jouir, son entreprise devint four-nisseur officiel de la reine. Son nom couronne encore aujourd'hui un autre empire du monde du thé.

LES MAISONS DE THÉ

Les maisons de thé apparurent en Chine sous la dynastie des Song (960-1279). Elles étaient d'abord un lieu de dégustation de thé. Un serveur apportait une petite tasse munie d'un couvercle dans lequel il plaçait les feuilles choisies qu'il recouvrait d'eau bouillante. L'eau était servie à volonté et le client disposait d'une infinie variété de thés. Rapidement, les maisons de thé devinrent le centre de la vie sociale: à la fois lieu de rencontre, salle de jeux et de spectacles. Elles permettaient aux Chinois de bavarder et de se détendre en écoutant poètes, musiciens et chanteurs.

L'atmosphère particulière des maisons de thé contribua à la diffusion de la culture orale chinoise; c'était un lieu où l'on chantait, où l'on se racontait des histoires, etc. Les conteurs s'y produisaient et créaient un véritable spectacle. Les maisons de thé étaient donc associées à la notion de «sortir»: on se rendait dans une maison de thé comme on allait au spectacle, profiter d'un divertissement pour le prix d'une seule tasse de thé. Fermées durant une dizaine d'années pendant la révolution culturelle (1966-1976), elles sont redevenues aujourd'hui le point de rencontre des retraités, le lieu où les nouvelles s'échangent, etc.

LES SALONS DE THÉ

Les salons de thé sont nés de l'absence de lieu où les femmes pouvaient se rencontrer pour bavarder tout en buvant un thé. À l'époque, dans la France du tout début des années 1900, il était hors de question qu'on les vît mettre les pieds dans un... café. Par ailleurs, les femmes commençaient à avoir le désir de plus en plus affirmé de sortir de la maison. C'est donc ainsi que naquirent en France ce qu'on allait appeler les «salons de thé». Si les hommes n'y étaient pas refusés, ils ne se bousculaient pas au portillon. Le lieu était, bien entendu, celui d'une classe plutôt haute qui aimait le luxe, les atmosphères et les décors qui allaient de pair.

Aujourd'hui, des salons de thé ont ouvert leurs portes un peu partout dans le monde. Ils offrent à peu près toutes les atmosphères qu'il est possible d'imaginer, certaines étant demeurées plus près des salons de thé originaux, d'autres s'en étant éloignées à souhait.

CHAPITRE 2
LA PRODUCTION DU THÉ

Si la qualité du thé est très variable d'une région à l'autre, elle l'est également d'une saison à l'autre. Autre similitude avec le domaine des vins: on peut en quelque sorte dire que le thé a ses millésimes, ses grands crus même. De fait, une même région peut produire un excellent thé une année, alors que les résultats de l'année suivante seront tout simplement médiocres. Mais, contrairement aux vins, le thé gagne à être bu dans un délai relativement court; autrement, il perd rapidement couleur, arôme et goût.

Il existe certaines variantes dans la façon de cultiver le thé. Les différents pays producteurs ont chacun leurs particularités propres; on ne cultive pas le thé de la même façon selon que l'on se trouve en Chine, en Inde, au Japon, au Sri Lanka ou à Taiwan. De façon générale, les principales différences se situent surtout sur le choix suivant: l'utilisation de la machinerie ou le travail à la main.

Normalement, ce ne sont seulement que les deux dernières feuilles de la branche ainsi que les bourgeons qui sont utilisés, car ce sont eux qui présentent le plus de tendreté et de saveur. Comme ils sont plus malléables, il est donc aisé de les disposer sous toutes sortes de formes.

Enfin, il va de soi que les conditions climatiques aussi bien que topographiques influencent la qualité du thé au même titre que l'altitude. Le *Camelia sinensis*, cet arbuste qui donne le thé, aime un peu de pluie et beaucoup de brume.

Mais tous ces éléments mis ensemble, ajoutés à la façon de faire des producteurs, font en sorte que jamais deux récoltes de thé n'auront tout à fait le même goût. Cela fait partie de la magie et du plaisir du thé. Si l'amateur de thé peut cependant s'attendre à trouver certaines caractéristiques d'un thé provenant d'une région en particulier, il ne sait jamais vraiment, complètement, à quoi s'attendre; le buveur de thé est constamment à une gorgée près d'une nouvelle surprise, toujours à la recherche de la tasse parfaite.

D'ABORD, LE THÉIER

Tout thé provient du seul et même arbuste nommé *Camelia sinensis*. Comme son nom l'indique, le thé est en fait une certaine forme de camélia. Le *Camelia sinensis* se subdivise cependant en deux familles; celle de Chine et celle d'Assam. Si les espèces de Chine peuvent atteindre deux ou trois mètres, celles d'Assam peuvent monter jusqu'à une vingtaine de mètres. Pour faciliter la cueillette des feuilles, il est de pratique courante de retenir la croissance en taillant les nouvelles pousses de manière à faire un arbre d'un mètre et demi de hauteur, tout au plus. Ces robustes arbustes peuvent vivre jusqu'à cent ans dans le cas des théiers de la famille chinoise, alors que ceux de la famille indienne peuvent se rendre jusqu'à cinquante ans. Les fleurs du théier sont blanches et petites.

ÉTAPE PAR ÉTAPE

Encore aujourd'hui, la première étape de la production du thé, qui consiste à retirer les feuilles de l'arbre (le théier), est généralement effectuée manuellement… lorsqu'il s'agit de thé de qualité, du moins. Plus souvent qu'autrement, la cueillette est un travail réservé aux femmes. Certains producteurs de thé bas de gamme utilisent cependant de la machinerie qui aspire ni plus ni moins les feuilles de l'arbre. Toutefois, ils se trouvent du coup à aspirer tant les bourgeons que les feuilles indésirables ou trop petites. Il en découle un résultat de bien piètre qualité. Quelle que soit la méthode choisie, cette première étape est répétée environ quatre fois durant l'année.

On compte normalement trois types de cueillette: la cueillette impériale, la cueillette fine et la cueillette classique. La cueillette impériale consiste à cueillir le bourgeon et une seule feuille, la première qui le suit. (Autrefois, la cueillette impériale signifiait tout autre chose. C'était alors une cueillette qui ne s'effectuait qu'un seul jour par année et dont la récolte était réservée à l'empereur. Seules des jeunes femmes vierges pouvaient cueillir et avec des ciseaux en or. Bien entendu, elles ne devaient cueillir uniquement que le bourgeon. Cette journée était aussi celle qui décrétait l'arrivée officielle du printemps.) La cueillette fine consiste à cueillir le bourgeon et les deux feuilles suivantes, alors que la cueillette classique permet de cueillir le bourgeon ainsi que trois feuilles... et plus. Cette dernière est celle qui donne les plus piètres résultats.

Ensuite, dans un deuxième temps, il faut faire flétrir les feuilles. Pour ce faire, on les étend soigneusement à l'ombre et on laisse la nature faire son œuvre, bien que ce procédé soit, lui aussi, de plus en plus remplacé par des systèmes beaucoup plus sophistiqués. Quoi qu'il en soit, en peu de temps les feuilles perdent jusqu'à 50 % de leur contenu en eau.

Par la suite, on traite les feuilles de thé de la manière dite traditionnelle ou en «CTC». Cette dernière technique consiste à écraser, à rompre et à rouler; en anglais: *crush, tear, curl*, d'où l'abréviation. Cette façon de faire, complètement mécanisée, n'est pas, à ce stade-ci non plus, celle que favorisent les cultivateurs à la recherche de qualité et de saveurs subtiles traditionnelles. Elle est souvent réservée à la production du thé en sachets.

Les connaisseurs préfèrent de loin la façon traditionnelle et manuelle (en grande partie). Le roulement est cependant une étape qui est aujourd'hui plus souvent qu'autrement mécanisée, à part pour les thés verts chinois. Cette étape sert à mélanger les feuilles et leurs constituantes et favorise l'oxydation. L'étape subséquente consiste ni plus ni moins qu'à trier les feuilles de manière à séparer celles qui sont complètes de celles qui ne le sont pas, ainsi que les plus petites des plus grandes.

Ce triage est suivi d'une humidification des feuilles qui a pour but de les faire fermenter. La durée de la fermentation (entre une et trois heures) dépend du type de feuilles auquel on a affaire et influe directement sur le goût et la couleur qu'aura plus tard l'infusion. Les thés trop longuement fermentés perdent beaucoup de leur saveur. Les feuilles sont finalement chauffées afin de freiner la fermentation. Si, au Japon, on procède au séchage par l'utilisation de bassines chauffées à la vapeur, en Chine, on sèche les thés verts en les passant carrément dans d'immenses woks chauffés par un feu.

En certains endroits, des fleurs sont ajoutées au thé au moment du séchage afin de lui apporter un arôme supplémentaire. Le très populaire thé chinois au jasmin est produit de cette manière. En fait, les fleurs sont laissées sur les feuilles de thé durant la nuit, avant d'être enlevées durant le jour. On répète le même procédé pendant quelques jours. En Chine, pendant des siècles, on a aussi utilisé bien d'autres fleurs pour parfumer le thé noir et le Pu'er. Parmi celles-ci, on compte le chrysanthème, le gui et la rose. Après le séchage, le thé peut enfin être emballé.

LA PRODUCTION EN CHINE

Ce qui différencie davantage le thé chinois de toute autre forme de thé, j'en ai fait mention précédemment, c'est que celui-ci est encore produit presque exclusivement à la main, bien que certains producteurs aient adopté la machinerie pour traiter les millions de kilos de thé qu'ils produisent chaque année.

La Chine cultive presque exclusivement du thé vert. L'encyclopédie du thé chinois dénombre quelque 138 sortes de thé vert chinois qui se subdiviseraient enfin en 12 500 variétés différentes, ce qui fait de la Chine le plus grand producteur de thé vert du monde et la classe au deuxième rang des producteurs de thé, après l'Inde. Dans les faits, les différences entre les variétés sont parfois infimes…

Pour s'assurer d'acheter un bon thé vert chinois, rien de tel que de s'informer auprès de son marchand sur le thé qui nous intéresse: De quelle région provient-il? Dans quelles conditions a-t-il été produit? Selon quelle méthode? Il faut savoir du reste que le meilleur thé vert est celui qui est cueilli tôt au printemps. Les mois se situant entre juin et décembre produiraient plutôt les meilleurs oolongs grâce à leurs feuilles qui ont gagné une franche maturité leur permettant d'être oxydées plus longuement.

Évidemment, toutes ces variétés de thé ne sont pas offertes chez nous, simplement parce qu'elles sont produites en très petites quantités. Et une fois qu'on en a trouvé un qui nous plaise particulièrement, il n'est pas dit qu'on le retrouvera puisque les cultivateurs changent parfois le nom de leur thé. De toute façon, si on le retrouve, il y a de bonnes chances qu'il n'ait plus rien à voir avec notre souvenir… Mieux vaut aller de l'avant.

LA PRODUCTION EN INDE

L'Inde est le plus grand producteur de thé du monde. Parce qu'il peut notamment compter sur une parfaite combinaison d'altitude et de températures, le pays produit toutes les sortes de thé: le oolong, le noir, le blanc et le vert. Les trois principales régions de production sont Darjeeling, Nilgiri et Assam.

Les feuilles des thés indiens sont habituellement plus longues et plus larges que celles des thés chinois. La production est totalement mécanisée et les machines utilisées pour le thé noir, vert ou oolong ne sont jamais les mêmes afin de ne pas ruiner le goût de chacun.

Un aspect bien spécifique à la production de thé en Inde est le fait que de plus en plus de cultivateurs s'intéressent à la culture organique. De fait, la première culture de thé organique au monde s'est faite en Inde.

LA PRODUCTION AU JAPON

Le Japon compte parmi les six plus importants producteurs de thé du monde. Il consomme du reste presque la totalité du thé qu'il produit. Si la plus grande partie de la production est produite dans la région de Shizuoka, une bonne part provient aussi de Kagoshima, de Kyoto, de Nara et de Saitama.

Les Japonais produisent notamment un thé fait à base de brindilles plutôt que de feuilles. Rôties à point, ces brindilles offrent une infusion très douce. Il s'agit tout de même d'un thé bas de gamme qui n'a rien à voir avec les fabuleux thés verts que produit le pays. Le plus commun d'entre eux est le Sencha, celui que les Japonais boivent quotidiennement, alors que celui qui présente la qualité la plus exceptionnelle est le Gyokuro.

La belle élégance et la couleur riche des thés verts japonais tient pour beaucoup à la technique en deux temps utilisée dans leur confection: tout de suite après la cueillette, les feuilles sont vaporisées puis immédiatement séchées à l'air. La technique aurait pour résultat de conserver la saveur au thé, autant que son parfum et sa belle couleur. Mais dans le cas particulier du Gyokuro, on couvre en plus les théiers afin de les préserver des rayons du soleil et de pousser les feuilles à produire davantage de chlorophylle. Résultat: des feuilles d'un vert exceptionnel et une boisson sans pareille au coût plutôt élevé.

Le Gyokuro est aussi le thé que l'on utilise pour préparer le matcha cher aux cérémonies du thé. Sauf que pour cette fin, le Gyokuro n'est ni roulé ni tortillé, comme c'est habituellement le cas.

Le Japon produit également quelques thés rôtis, tel le Hojicha, au goût doux de noisette.

LA PRODUCTION DES AUTRES PAYS

Voici quelques-uns des principaux pays producteurs de thé dans le reste du monde.

La Corée

La boisson préférée des Coréens est le pulicha, un genre de thé fait à base de maïs et d'orge. Cependant, la Corée produit un thé vert fort intéressant, quoiqu'il soit très peu connu parce que très peu exporté. Ce thé vert, que les Coréens nomment Iri, offre des saveurs très complexes. De la même manière que pour l'Inde, le Japon ou la Chine, ce sont les moines du pays qui se sont d'abord intéressés à cette boisson. Ils ont vu notamment dans le thé vert une infusion capable d'éclaircir le sang, qui sait ouvrir l'appétit et qui aide à combattre le sommeil.

Le Népal

Le Népal, situé si près de la province indienne de Darjeeling, produit des thés qui ressemblent, bien sûr, à ceux provenant de cette région. Ainsi, les thés népalais sont reconnus pour leur délicate saveur légèrement fruitée offrant des arômes épicés. Encore ici, les thés népalais prennent rarement le chemin de l'exportation.

Le Sri Lanka

Les thés du Sri Lanka (ou de Ceylan) représentent 600 millions de livres de thé par année. Au Sri Lanka, le thé est majoritairement produit dans de très petites fermes, et parfois dans de grandes plantations. Le pays produit du thé vert et du thé noir de très bonne qualité. Avant de se consacrer à la culture du thé, le pays était producteur de café; c'est à la suite d'une maladie, qui détruisit toutes ses plantations, que le pays se tourna enfin vers le thé vert à la toute fin du XIXe siècle.

La Taiwan (Formose)

Les thés de Taiwan (ou de Formose) sont encore aujourd'hui presque toujours séchés selon la technique ancestrale, soit sous les rayons du soleil. Leur goût est unique, riche et complexe. Parmi les thés taiwanais, on retrouve notamment le Pouchong, un genre de moitié-moitié entre un thé vert et un oolong. On utilise souvent cette variété pour créer un thé aromatisé au jasmin, par exemple.

Le Vietnam

Le Vietnam figure au dixième rang des pays producteurs. Si sa production est quantitativement peu significative, sur le plan de la qualité, elle peut étonner, notamment en ce qui concerne les thés verts. Ceux-là sont particulièrement rafraîchissants et ont un goût franc, irréprochable, témoignant d'une grande qualité. Plus souvent qu'autrement, les Vietnamiens utilisent d'ailleurs la méthode ancestrale: vaporisation, rôtissage et séchage à l'air.

L'Indonésie

Ce sont les Néerlandais qui ont introduit le thé en Indonésie au XVIIe siècle. Les résultats furent cependant peu concluants et il fallut attendre deux bons siècles avant de pouvoir crier victoire. C'est finalement dans les régions de Java et de Sumatra que l'Indonésie est parvenue à produire des thés jugés exceptionnels. Hélas, à la suite de son indépendance en 1950, le pays a vu partir tout son savoir-faire et n'a plus réussi qu'à produire des thés très peu enviables.

Le Kenya

Aux antipodes de l'histoire indonésienne du thé, celle du Kenya commence véritablement avec son indépendance en 1963. Depuis ce relativement court laps de temps, le pays s'est taillé une place d'importance dans ce qu'il faut malheureusement nommer l'industrie du thé. Il s'est en effet faufilé parmi les plus grands producteurs. Mais au-delà de l'aspect quantitatif, il n'en demeure pas moins que le Kenya produit en outre, et peut-être surtout, de l'excellent thé noir.

CHAPITRE 3
LE THÉ
AU QUOTIDIEN

CHEZ NOUS...

*N*otre histoire d'amour avec le thé ne date pas d'hier. Cependant, il a tout de même fallu attendre jusqu'en 1716 pour voir arriver notre première cargaison de thé par l'entremise de la Compagnie de la Baie d'Hudson. Cette première cargaison prit un an avant de se rendre!

Depuis, les Canadiens comptent parmi les grands consommateurs de thé du monde. Des chiffres du Conseil canadien du thé et de l'Association du thé du Canada affirment en fait que les Canadiens boivent aujourd'hui plus de sept milliards de tasses de thé par année. Qu'ils le boivent chaud ou glacé, cinq Canadiens sur six «prennent le thé» et neuf foyers sur dix cachent du thé dans leurs armoires. Chaque année, ce sont quelque treize tonnes de thé que le Canada importe d'un peu partout dans le monde. Certains viennent même du Kenya, d'autres du Sri Lanka, de l'Inde ou du Malawi.

Il se vend pour quelque 215 millions de dollars de thé par année au pays; quelque 80 millions de ces ventes appartiennent au secteur du thé glacé. Ce sont les Québécois qui se démarquent particulièrement sur le plan de leur consommation de thé. Ces derniers boivent leur thé noir, vert ou décaféiné, mais affectionnent aussi les thés fins. Cependant, il faut dire que c'est le thé vert qui connaît le succès le plus impressionnant ces dernières années. Ainsi, les ventes de thé vert ont connu un taux de croissance incroyable de 74 % au pays en 1997; au Québec seulement, l'augmentation était de 54 %.

... ET DANS LE MONDE

Comment savoir le nombre exact de tasses de thé qui se boivent quotidiennement dans le monde? Les estimations les plus sérieuses parlent de quelque deux milliards de tasses de thé par jour, ce qui équivaut à quelque 1 000 milliards de tasses par année. Des chiffres astronomiques. Pour assouvir les besoins de tous ces amateurs de thé, ce sont plus de deux millions et demi de tonnes de thé qui doivent être produites chaque année.

Annuellement, le domaine du thé brasse des affaires de l'ordre de deux ou trois milliards de dollars. Ce sont les Irlandais qui dominent le palmarès au chapitre des plus grands buveurs de thé de la planète. Ils sont suivis de près par les citoyens du Royaume-Uni (les Anglais d'Angleterre boiraient à eux seuls en moyenne six tasses de thé par jour) et de la Turquie. Où se situe la Chine? On l'ignore, mais on imagine sans mal qu'elle se faufile quelque part parmi ces plus grands consommateurs de thé du monde.

CHOISIR LE THÉ

Les variétés de thé sont tellement nombreuses qu'il est souvent difficile d'arrêter son choix. Mais d'abord, au moins une chose est sûre: le meilleur thé est toujours celui que l'on trouve en vrac. Au-delà de cet incontournable, afin d'éviter les erreurs, il est préférable de se faire aider par son marchand de thé, du moins jusqu'à ce qu'on ait acquis les connaissances suffisantes pour faire un choix éclairé. Il faut bien le dire, l'apparence de certains thés peut souvent laisser croire qu'on a affaire à une bonne qualité, alors que finalement, il n'en est rien. Il faut savoir aussi que l'allure des feuilles peut être fort révélatrice. Il faut tenir compte de la couleur, certes, mais aussi de la forme et de l'élasticité de la feuille. Ainsi, des feuilles réduites presque en poussière, par exemple, risquent de donner un thé fort, corsé, voire amer. Dans le cas d'un thé vert, il peut arriver que les feuilles sèches soient d'un vert vraiment puissant qui se traduira cependant par un gris tristounet une fois qu'elles auront été infusées. Mais en fait, les thés verts de la plus grande qualité possèdent souvent des feuilles plutôt grises, justement. Le mieux est de s'informer.

Votre marchand de thé devrait pouvoir vous indiquer en outre l'âge du thé qui vous intéresse, la manière dont il a été entreposé avant de lui être livré et comment lui-même le conserve dans son magasin. Ces informations sont très importantes, puisque les thés les plus fins peuvent perdre beaucoup de leur saveur en quelques jours seulement s'ils ne sont pas bien conservés.

La fraîcheur du thé est un incontournable. Pour la vérifier vous-même, vous n'avez qu'à fermer votre point sur une petite quantité de thé. Vous respirez tout en relâchant vos doigts pour laisser s'épanouir les arômes. S'il n'y a pas d'odeur, vous pouvez être certain que le thé que vous tenez entre vos doigts n'est pas frais. Ce premier test vous donnera une bonne indication sur le plan de la fraîcheur, mais il ne vous révélera pas les saveurs, bien entendu. Aussi, certains marchands sérieux accepteront de vous remettre un échantillon afin de vous permettre de goûter avant d'acheter en plus grande quantité.

LE PRIX DU THÉ

Le thé est une boisson on ne peut plus économique. Ainsi, avec un demi-kilo (1 livre) de thé, ce qui représente *grosso modo* 144 sachets, on peut préparer environ 250 tasses de thé, et chacune d'elles revient à deux ou trois sous seulement. Le même thé servi dans un restaurant revient cependant à plus de 600 fois ce qu'il vous en aurait coûté à la maison. Ceci n'empêche pas que l'on ait parfois envie de s'offrir des petits plaisirs qui n'ont absolument rien de rationnel.

Mais attention! il est faux de prétendre que les thés les plus chers sont obligatoirement les meilleurs. Il peut arriver de payer beaucoup plus qu'il n'aurait fallu pour se voir ingurgiter un liquide tout à fait infect et sans âme, alors qu'il aurait été possible de trouver, à un prix beaucoup plus raisonnable, un produit de bien meilleure qualité. En se fiant uniquement au jardin producteur et sur sa renommée, on peut parfois avoir de mauvaises surprises. On ne le répétera jamais assez, les récoltes de thé ont des caractéristiques bien différentes d'une saison à l'autre, d'une année à l'autre. C'est la nature, en grande partie, qui le veut ainsi. Afin de vous assurer de ne pas débourser des sous inutilement, informez-vous au sujet de la récolte et du grade du thé.

Ces informations judicieuses vous permettront d'éviter des erreurs qui pourraient s'avérer coûteuses. Il faut aussi savoir que la rareté d'un thé fait souvent grimper son prix, peu importe sa qualité réelle. Si vous êtes prêt à payer pour cette simple rareté, pour tenter une expérience, soit; mais vous saurez désormais que vos attentes se trouveront peut-être déçues. Peut-être pas non plus. Seule l'infusion pourra véritablement répondre à la question.

POUR UNE TASSE DE THÉ PARFAITE

En ce qui a trait au thé en sachet, contrairement à ce qu'on est habitué de faire et de voir, il est recommandé d'utiliser un seul sachet de thé pour faire deux tasses. Pour en faire une théière, on y insère donc la quantité de sachets indiquée pour le nombre de tasses dont on aura besoin. Si toutefois vous faites votre thé à partir de feuilles libres — ce qui est souhaitable —, on recommande de compter une cuillère à soupe par personne et, comme on le fait pour le café, on en ajoute une pour la théière. Cette quantité peut cependant varier en fonction du type de thé utilisé et de votre goût personnel.

Afin de permettre au thé de demeurer chaud plus longtemps, on prendra soin de réchauffer la théière en faisant couler de l'eau chaude à l'intérieur, préalablement. Il faut ensuite amener de l'eau juste au point d'ébullition, dans le cas d'un thé noir. Les puristes ne recommandent pas toujours l'utilisation d'une eau qui a atteint le point d'ébullition. Afin de savoir quand l'utiliser ou quand ne pas le faire, afin de maximiser le goût de votre tasse de thé, voyez le tableau un peu plus loin. Les mêmes puristes recommandent aussi l'utilisation d'une eau de source, d'une eau qui soit, en tout cas, la plus pure possible sans quoi le goût subtil du thé pourrait facilement être altéré. Certains prônent même, lorsque l'occasion le permet, d'utiliser l'eau qui provient de la même région que le thé, situation cependant assez rare, faut-il en convenir.

Les maîtres de thé préconisent une eau de source de montagne «qui bouillonne sur des rochers sans mousse ni végétation». Certains sont même allés jusqu'à cueillir la rosée de l'aube sur des feuilles de lotus afin de donner à leur thé les meilleures chances de s'exprimer entièrement et parfaitement! Dans notre réalité beaucoup plus terre à terre d'Occidentaux du IIIe millénaire, l'essentiel est surtout d'éviter une eau qui soit trop chlorée ou qui contienne trop de calcaire, de soufre ou de n'importe quelle autre substance qui aurait à coup sûr un impact important et assurément négatif sur les infusions.

On verse enfin cette eau sur le ou les sachets de thé avant de couvrir et de laisser infuser de 3 à 5 minutes. Il est important de retirer les sachets tout de suite après ce laps de temps, sans quoi le thé deviendra trop fort et peu agréable au goût. Les thés verts préfèrent nettement les infusions encore plus courtes: de trente secondes à une minute suffisent. Il y a cependant, bien sûr, des exceptions; par exemple, le «puits du dragon chinois» préfère une infusion d'environ 6 à 7 minutes.

Si vous pouvez utiliser des feuilles de thé plutôt que des sachets, votre boisson gagnera beaucoup en saveur. Ce thé est en effet normalement de meilleure qualité, et conserve sa fraîcheur plus longtemps. De plus, votre thé sera encore meilleur si vous laissez ses feuilles infuser librement dans la tasse ou la théière plutôt que si vous les enfermez dans une boule à infusion. Le ratio de feuilles de thé par rapport à l'eau est basé sur le poids. Si les feuilles sont petites, plus denses, il en faudra moins. Il est en fait préférable de se fier à une balance. L'à peu près n'a pas vraiment sa place dans l'art de faire le thé; il est nettement mieux de toujours mesurer: vous aurez généralement besoin de 4 grammes de thé pour 250 ml (1 tasse) d'eau.

Afin de vous assurer que votre thé est prêt, rien de mieux que d'y goûter. Si la durée moyenne d'infusion est de 3 à 5 minutes, cela peut varier d'un type de thé à l'autre et selon que les feuilles sont entières, plates, torsadées, en boulettes, broyées... Aussi, ne vous laissez pas influencer par la teinte que prend l'eau afin de décider que le thé est prêt; cette méthode peut être trompeuse. Goûtez-y. Rappelez-vous toutefois que passé 5 minutes, il arrive fréquemment que le thé devienne amer. En règle générale, les variétés qui présentent les feuilles les plus longues sont celles qui nécessitent la plus longue période d'infusion. De cette façon, elles ont le temps de prendre l'expansion souhaitée. Les feuilles de thé noir broyées, par exemple, ne devraient nécessiter que deux minutes d'infusion.

Si vous pouvez enfin vous permettre de vous offrir une théière par type de thé, vos infusions s'en trouveront ragaillardies et gagneront encore en saveur et en arôme au fil du temps. N'oubliez pas que les mêmes feuilles peuvent servir pour plusieurs infusions.

TEMPÉRATURE DE L'EAU POUR LE THÉ	
THÉ	**CELSIUS**
Matcha	50°
Gyokuro	50° - 60°
Blanc ou vert	70° - 75°
Vert au jasmin	75° - 85°
Sencha	80° - 95°
Oolong	80° - 95°
Noir	95° - 100°, presque à ébullition
Pu'er	À gros bouillons

Pour maximiser la saveur de votre thé, il est préférable de s'en tenir à cette façon de faire, que vous pourrez cependant adapter au fur et à mesure que se développeront vos habiletés. Ce qu'il faut surtout retenir, c'est qu'au-delà d'une certaine chaleur, l'eau perd son oxygène et crée des infusions insipides; les feuilles de thé trop chauffées se trouvent à être cuites, en quelque sorte, et à perdre ainsi beaucoup de leur saveur. Pour vous assurer d'avoir la température voulue, utilisez un thermomètre à bonbon.

Pour vous aider à retenir l'importance de la chaleur de l'eau dans la préparation du thé, sachez qu'un maître du thé du VIIIe siècle a déjà défini trois stades d'ébullition. Durant le premier stade, les bulles de l'eau sont comparées à des yeux de poisson. C'est vrai. Regardez-y de plus près la prochaine fois, vous repérerez facilement ce stade. Au deuxième stade, ces yeux de poisson se transforment en «boules de cristal qui glissent dans une fontaine». Enfin, c'est au troisième stade que l'on voit les vagues jaillir. Ce maître de thé était déjà d'avis que c'est le deuxième stade qui offrait les meilleures infusions. Encore aujourd'hui, nombre de thés s'accommodent en effet très bien de cette température de l'eau.

DU LAIT OU DU CITRON?

Tout un débat sévit autour du fait de mettre ou non du lait dans le thé. Certains, effectivement, préfèrent en ajouter, d'autres non. Certains y mettraient même, ô sacrilège, de la crème. D'autres aiment bien y ajouter une petite note de miel, voire du sucre et d'autres encore ne pourraient se passer de la petite note acidulée qu'apportent les quelques gouttes de jus de citron. Si la maxime «à chacun ses goûts» tient toujours, il est cependant admis par la majorité que les thés verts et oolongs devraient se boire nature afin de préserver leur saveur délicate. Le thé noir saura mieux se comporter en présence d'autres éléments. Mais encore faut-il savoir éviter quelques combinaisons, comme le jus de citron et le lait. Si la crème est moins recommandée, c'est uniquement en raison de son taux de gras. Pour les mêmes raisons, si on souhaite mettre du lait, on devrait en choisir un qui contient peu de matières grasses.

Là où le débat est encore plus vigoureux, c'est lorsqu'il s'agit de savoir s'il est préférable de mettre d'abord le thé ou le lait dans la tasse. Vous l'aurez imaginé, c'est évidemment en Angleterre que l'on se pose ce genre de questions. Mais on a tout de même véritablement raison de se la poser. L'origine de toute l'affaire vient du fait qu'autrefois, en Angleterre, les tasses de porcelaine éclataient parfois au moment où on y versait le thé trop chaud. C'est ainsi que l'on aurait commencé à mettre du lait dans les tasses, avant même d'y mettre le thé. De cette façon, le thé se trouvait immédiatement refroidi et l'éclatement des tasses n'avait plus lieu. Aujourd'hui, cependant, les tasses sont conçues pour accepter la chaleur du thé et, par conséquent, elles n'éclatent plus. Existe-t-il donc encore une raison pour mettre du lait dans son thé, sinon qu'une question de goût?

Ajouter du citron dans son thé est une pratique relativement courante, mais elle est perçue comme tout à fait grossière pour tout véritable amateur de thé. C'est que le citron, avec sa saveur si prononcée, vient enrayer en un éclair toute la subtilité de la saveur suave du thé. Comment briser le charme en un rien de temps! Sans compter que même la couleur véritable qu'aurait dû prendre l'infusion se retrouve bizarrement parée et souvent bien peu appétissante... On recommande à ceux qui ont du mal à se départir de cette incongruité de tenter l'expérience avec l'orange, qui serait nettement moins dommageable.

DÉGUSTER!

Pour déguster un thé et en retirer vraiment tout le plaisir qu'il cache en lui, il faut savoir profiter tant de son odeur que de sa couleur et de son goût. Aussi, le choix de la théière (il en sera davantage question un peu plus loin) est extrêmement important pour lui permettre de s'émanciper à souhait. Mais tout ne s'arrête pas là. Le choix de la tasse permettra aussi de vivre des expériences fort différentes. Le petit bol à la chinoise et la tasse de porcelaine anglaise n'apporteront pas les mêmes sensations et elles ne rendront pas les mêmes couleurs. On recommande au profane de faire ses premières expériences avec des tasses qui présentent un intérieur blanc. Cette particularité permet de mieux distinguer les nettes différences que présente chaque thé sur les plans de la couleur et de la luminosité.

Il est important par ailleurs de ne déguster le thé ni trop chaud ni trop froid, sinon ses saveurs risquent de s'atténuer, voire de se perdre. Il est donc souhaité de boire le thé plutôt tiède. Une autre règle élémentaire de l'art de boire le thé demande à ce qu'on le boive immédiatement et qu'on ne cherche pas à le conserver ni à le réchauffer un peu plus tard. Il est préférable de faire la quantité nécessaire seulement et d'en refaire plutôt si cela s'avère nécessaire.

LE VOCABULAIRE DE LA DÉGUSTATION

Au-delà de la couleur, de l'odeur et du goût, le thé révèle d'autres secrets que la dégustation permettra de percer. Mais la dégustation commence toujours par les yeux. Que voit-on? Que nous offrent comme spectacle, comme information, ces feuilles encore sèches? Par exemple, on peut dire qu'elles sont attrayantes, qu'elles sont bien roulées et uniformes. On peut parfois remarquer qu'elles sont cloquées, boursouflées, en raison d'une humidité stoppée de manière trop abrupte. On pourra facilement savoir reconnaître des feuilles qui auront été brisées au roulage. Sur le plan de la couleur, elles peuvent osciller entre le brun ou le brunâtre, le noir, le gris, le vert, le rouge, le verdâtre, et j'en passe. L'odeur qu'elles laissent s'échapper nous rappellera peut-être la résine qu'auront laissée s'échapper des caisses de mauvaise qualité... S'il se cache au travers des feuilles des tiges et des nervures de feuilles, on peut dire que le thé est chevelu, ou moustachu; si elles sont feuillues, c'est qu'elles contiennent des feuilles plus grandes qu'à l'accoutumée. Dès le premier regard, vous pourrez aussi remarquer assez facilement si les feuilles sont ouvertes, roulées ou *twistées*. Si elles sont entières et roulées avec soin, elles sont alors plutôt torsadées.

Lorsque la feuille est infusée, elle sait encore révéler de nombreux secrets. D'abord, que cache son arôme: des souvenirs de terroir, de sous-bois, de cassis, de pêches? Si c'est le cassis ou la pêche qui vous viennent à l'esprit, c'est que vous avez sûrement devant vous un Darjeeling. Que disent aussi les feuilles infusées? Sont-elles cuivrées, signe de qualité, ou plutôt sombres, ternes et ennuyeuses? Si c'est le cas, c'est sans doute que le thé que vous avez devant vous est de mauvaise qualité. Si les feuilles sont cependant de couleur homogène, on pourra dire qu'elles sont régulières. Quelle couleur présentent les feuilles infusées? Sont-elles rougeâtres, verdâtres ou mixtes, c'est-à-dire présentant plus qu'une couleur?

Que dire de l'infusion maintenant! Il faut s'intéresser à la texture du thé puisque chaque thé présente une texture bien à lui. S'agit-il d'un thé charnu, par exemple? On parlera d'astringence, de force, d'épaisseur. Et c'est sans oublier de porter une attention toute particulière aux parfums qu'il dégage et aux notes qu'on y retrouve. L'infusion vous rappelle-t-elle le géranium? Vous êtes sans doute en présence d'un Darjeeling. Rappelle-t-elle plutôt la fraise? En quels termes faut-il parler de la couleur de l'infusion?

Est-elle rouge, plutôt rose pâle? En outre, on pourra dire d'une infusion qu'elle est vivante, pour autant qu'elle soit vigoureuse et qu'elle ait du mordant. Et si elle a du mordant, c'est qu'elle est astringente. On cherchera ensuite à savoir s'il s'agit d'un thé de première récolte ou de récolte tardive. S'il est tardif, on dira qu'il est automnal.

Et comment peut-on décrire le goût? A-t-il une saveur qui rappelle le foin? Est-il rude? S'agit-il enfin d'un thé complet, vif, brillant, velouté, généreux, onctueux, sucré? Ou est-il, au contraire, plat, sans vie, boueux, maigre, carrément rassis? S'il était immature, ce serait sans doute en raison d'un flétrissage insuffisant; on le dirait alors sévère. Serait-il herbeux qu'il aurait été insuffisamment fermenté; trop fermenté, il deviendrait vineux.

QUAND SERVIR LE THÉ

Le thé, boisson flexible entre toutes, peut aussi bien se boire au petit déjeuner que durant l'avant-midi, en après-midi ou même en soirée. On le boit seul, aux repas ou encore aux collations. On le boit quand il fait chaud aussi bien que lorsqu'il fait froid. Mais entre les verts, les noirs, les blancs et les oolongs, lequel choisir? Il y a des moments plus favorables pour chacun d'entre eux. Voici quelques exemples:

LES THÉS CHINOIS

Afin d'en tirer le meilleur parti, il est recommandé de boire les thés chinois semi-fermentés en fin de journée et en soirée. Les thés noirs comme le Keemun sont aussi des thés de soirée, alors qu'un Yunnan est davantage en valeur entouré d'un petit déjeuner. Les thés noirs fumés comme le Lapsang Souchong se boivent quant à eux plus généralement au repas du soir. Les thés blancs — qui sont naturellement toujours chinois — sont normalement réservés pour les grands jours, les grandes occasions. Il s'agit «du» thé des jours de fête. Mais au-delà de cette particularité première, il est recommandé de le faire en soirée.

LES THÉS VERTS JAPONAIS

Le fameux Gyokuro est, lui aussi, un thé que l'on se garde pour les moments importants. On peut cependant accompagner n'importe quel repas de la journée avec un Hojicha, alors que le Sencha est préféré en après-midi.

LES THÉS INDIENS

Les Darjeeling sont les thés d'après-midi par excellence. Les récoltes plus tardives, celles d'automne, sont cependant plus appréciables le matin. Les Assam sont, quant à eux, des thés de matin quoiqu'ils puissent déborder sans mal de plusieurs heures le rôle principal qui leur est alloué.

Les thés de Ceylan

Un Broken Orange Pekoe est généralement plus intéressant au petit déjeuner, ou, en tout cas, le matin.
Un Orange Pekoe est toutefois préféré en après-midi,
alors qu'un Flowery Pekoe est aussi davantage un thé
du matin.

Ceci étant dit, vous seul demeurez juge en bout
de ligne. Si vous avez envie de boire un thé de matin
l'après-midi, libre à vous; personne ne vous en em-
pêchera ni ne vous en tiendra rigueur.

LA CONSERVATION DU THÉ

Comme c'est le cas pour nombre d'aliments fins, le
thé a une durée de vie limitée. Afin de prolonger sa
fraîcheur, il est donc recommandé de le conserver
dans un endroit propre, frais et sec. On recommande
aussi l'utilisation d'un contenant opaque afin de s'assurer que le thé se trouve à l'abri de la lumière et des
odeurs des aliments environnants. Il est conseillé de
le garder dans un autre endroit que la cuisine, qui est
justement le théâtre de beaucoup trop d'odeurs. Le
contenant doit aussi être juste parfait pour la quantité de thé dont vous disposez; s'il est trop grand, le
thé continuera de s'oxyder. Les contenants par excellence pour le thé sont en céramique ou en verre.
Enfin, le contenant devrait préférablement avoir un
couvercle fermant de façon étanche afin de prévenir
l'humidité et de préserver la saveur.

En ce qui concerne la conservation des thés verts, certains suggèrent carrément la réfrigération. À cet égard, cependant, les avis divergent. Que ce soit d'ailleurs pour les thés verts ou pour d'autres, la condensation que le réfrigérateur pourrait produire risquerait de gâcher le thé. C'est sans compter sur les différentes odeurs qui se propagent et qui peuvent facilement atteindre le thé et lui donner un goût fort peu enviable. Ceci étant dit, ceux qui veulent tenter tout de même l'expérience doivent savoir que le thé conservé entre 1 ºC et 4 ºC peut garder sa fraîcheur jusqu'à six mois durant. Certains préfèrent encore l'utilisation du congélateur. Ceux-là doivent cependant vraiment pouvoir compter sur un emballage parfait. Mais même en prenant toutes ces précautions, la condensation de la décongélation risque grandement d'affecter la qualité du thé.

La meilleure façon de s'assurer de toujours avoir du thé frais est encore d'acheter de petites quantités à la fois. On l'achète en saison, frais, et au maximum de 60 à 120 grammes environ (de 2 à 4 oz) à la fois.

LES «INSTRUMENTS» ET LA VAISSELLE!

Autant que le choix du thé, de l'eau et de sa température, le choix des instruments, de la vaisselle utilisée pour faire le thé aura un impact sur le type d'infusion qui en découlera.

La théière

Comme c'est le cas pour à peu près n'importe quelle boisson, le récipient qui sert à la concocter joue pour beaucoup sur le résultat final. Pensez au vin, au cognac, au porto. Pourquoi se targuerait-on d'utiliser des fûts de chêne si cela n'avait aucune importance? Il est évident que le thé ne demeure pas dans un récipient pendant des années, mais l'impact est tout de même certain. Essayez de faire votre thé dans une théière en métal, vous constaterez que le goût de votre boisson se trouvera changé comparativement à celui qu'elle a lorsque vous utilisez un autre type de théière. Aussi, ce type de théière est-il très peu populaire.

Les théières que l'on voit le plus fréquemment sont en céramique. Elles ont l'avantage de bien conserver la chaleur et, surtout, elles ne laissent aucun autre goût que celui du thé. Il y a enfin les théières de verre qui revêtent aussi beaucoup d'intérêt. En plus de conserver tout aussi bien la chaleur que celles en céramique, elles permettent de pouvoir apprécier le spectacle de l'infusion. Les théières de verre sont aussi tout indiquées pour infuser les thés parfumés puisqu'elles ne conserveront aucune trace des parfums. Les théières faites de métal sont recommandées pour l'infusion de thés forts, corsés.

Les plus grands spécialistes du thé sont d'avis qu'il n'y a cependant rien de mieux que de faire le thé dans une théière de porcelaine. Ce matériau serait celui qui permettrait le mieux de rendre au thé tout son raffinement et ses subtiles complexités. Si vous en avez l'occasion, le mieux est encore de faire son thé dans une théière en porcelaine qui ne contient qu'une tasse. Comme c'est le cas avec les autres théières, il est préférable de la réchauffer avant d'y faire infuser le thé afin de lui permettre de demeurer chaud plus longuement. On peut évidemment faire de même avec la tasse et recouvrir celle-ci de sa soucoupe.

De toutes petites théières peuvent aussi être utilisées même si vous avez des invités. La manière de procéder alors consiste à verser un peu de thé dans chacune des tasses, et de recommencer la tournée par la suite. De cette manière, on s'assure que tout le monde boit le même thé, un thé ayant connu la même durée d'infusion. Autrement, le dernier servi finirait par boire un thé beaucoup plus corsé que le premier.

La théière Yixing est la plus classique des théières. Elle est utilisée depuis au moins les années 1500. Cette théière a notamment la particularité d'offrir une rétention sans pareille de la chaleur. Autre caractéristique importante, la Yixing n'est jamais vernie, ce qui la rend poreuse et perméable. C'est la raison pour laquelle on l'utilise toujours avec la même sorte de thé. Autrement, les traces laissées dans la théière altéreraient le goût et l'arôme du suivant.

Même si cette théière originaire de Chine a vu le jour sous le règne de la dynastie Ming, on en trouve encore des milliers qui sont originales. On les collectionne pour leurs formes élégantes et leur design étrange, mais on s'en sert surtout parce qu'elles permettent au thé de rendre le meilleur de lui-même. La théière Yixing la plus commune est d'un rouge terracotta, alors que la plus prisée est d'un brun foncé. Les prix varient beaucoup selon qu'elles sont fabriquées par des machines ou faites à la main. On peut trouver une Yixing pour 25 $ environ et monter ainsi sur une échelle de prix pouvant aller jusqu'à quelques milliers de dollars.

Avant d'utiliser une théière Yixing pour la première fois, on recommande d'y faire une forte infusion du type de thé que l'on y fera dans l'avenir. On laisse cette infusion refroidir dans la théière avant de la vider, de rincer et de refaire une seconde infusion que l'on videra aussi. À noter que l'on rince une Yixing seulement à l'eau froide ou tiède et que l'on voit à bien l'assécher entre les utilisations.

Autre aspect fort important en ce qui concerne la théière: il convient d'en avoir au moins une par type de thé. Autrement dit, vous devriez avoir une théière pour infuser vos thés verts, une pour vos thés noirs fumés, une pour les oolongs, etc. Si vous avez un thé de prédilection, que vous buvez donc beaucoup plus régulièrement que les autres, il est évident que vous devriez au moins avoir une théière consacrée à celui-là. C'est que les traces que conserve la théière d'infusion en infusion finissent par donner une plus value à vos thés. Les maîtres du thé, en tout cas, ne pourraient s'imaginer fonctionner autrement; il s'agirait pour eux ni plus ni moins que d'un sacrilège que de mélanger les différentes caractéristiques des divers thés. Évidemment, tout ceci n'est vrai que dans la mesure où il s'agit de théières en terre cuite. Elles sont les seules à avoir une telle mémoire; celles en verre ou en porcelaine en sont dépourvues.

LE SERVICE À THÉ GUNG FU

On trouve ces services à thé dans les magasins qui offrent du thé taiwanais et dans les salons de thé chinois. À Taiwan, on utilise les ensembles Gung Fu uniquement pour les thés oolongs. Ailleurs, on a voulu profiter plus souvent de la beauté intrinsèque de ces ensembles et on s'est mis à les utiliser avec d'autres types de thé, notamment le thé vert.

Ces ensembles comprennent habituellement une petite théière, certes, de deux à quatre très petites coupes, un bol pour les accueillir et un pichet pour l'eau. Quelques ensembles comprennent également les soucoupes, les ustensiles servant à mettre le thé dans la théière ainsi qu'une boîte à thé assortie. Tous ces articles n'ont qu'un seul but: faire en sorte que le thé soit servi de la façon la plus élégante qui soit. L'ensemble Gung Fu sert en fait lors d'un cérémonial que nous décrirons plus longuement au chapitre intitulé «L'esprit du thé».

Le gaiwan

Le gaiwan est un ensemble de vaisselle chinois dont on se sert ordinairement avec des thés verts ou oolongs. Il s'agit simplement d'un bol muni d'un couvercle et d'une soucoupe. En Chine, on se sert du gaiwan pour y infuser le thé avant de le transférer dans un autre bol, ou parfois pour y boire carrément, en se servant du couvercle pour retenir les feuilles.

Les boules et les autres filtres

Si vous choisissez d'opter pour un thé de meilleure qualité, vous vous tournerez obligatoirement vers les feuilles entières. Or comment faire pour se débarrasser d'elles une fois qu'elles ont accompli leur tâche et que le thé est prêt? Plusieurs options s'offrent à l'amateur de thé, quoique les plus fervents se tourneront illico vers la théière possédant un filtre déjà intégré. Si vous optez pour laisser flotter vos feuilles sans entrave, vous avez l'avantage d'avoir des feuilles qui auront eu droit à la meilleure des infusions possible. Le thé qui en résultera sera plus fort et très agréable au goût, mais vous serez aux prises avec les feuilles...

Pour vous en débarrasser, rien de tel que d'utiliser un passe-thé à travers lequel vous coulerez l'infusion dans une seconde théière. Pour ceux à qui cette technique rebute, il y a nettement plus simple: la boule d'aluminium. Cette boule munie d'un simple dispositif s'ouvre aisément pour y placer les feuilles à faire infuser. Comptant plusieurs petits trous, la boule laisse passer l'eau nécessaire à l'infusion, mais pas suffisamment pour permettre à toute la saveur de se libérer des feuilles. Les feuilles n'ont pas l'espace nécessaire pour prendre toute leur expansion. Par contre, la boule d'aluminium est au moins facile à enlever et à nettoyer.

La boule en acier inoxydable procède selon le même principe, mais elle est beaucoup plus efficace. Ses multiples petits trous permettent une meilleure circulation de l'eau et, donc, une meilleure infusion. Ce type de filtre est également offert en plastique et même en or et vient en différents formats. Il est préférable de choisir un modèle qui ne soit pas trop petit afin d'assurer le maximum d'espace aux feuilles. Il existe aussi un type de filtre dit «panier», parce qu'il en épouse la forme. Qu'il soit fait de plastique, de métal ou de céramique, il demeure très facile d'utilisation en plus de permettre aux feuilles une libre circulation dans l'eau. Certaines théières sont expressément faites pour contenir un tel filtre, mais elles sont évidemment un peu plus chères.

On peut aussi utiliser un pot Melior, comme pour le café. Suivant le même procédé, ce pot pousse au fond ce qui flottait initialement dans l'eau. Tout au long de l'infusion, les feuilles sont libres de flotter où bon leur semble et de profiter de toute l'eau dont elles ont besoin. Il est également possible d'utiliser carrément une cafetière automatique. Il ne s'agit que de remplacer le café par les feuilles de thé. Très facile à utiliser et à nettoyer.

Enfin, il y a ce filtre de tissu que l'on nomme parfois «chaussette à thé». Il est fait d'un tissu léger, mais il peut retenir les arômes des infusions que vous avez faites préalablement: tout à fait inintéressant! Il est de surcroît difficile à nettoyer et ne figure pas au chapitre des outils préférés des passionnés de thé.

Le cosy

Le cosy est ni plus ni moins une housse à théière. Fait de tissu, le cosy recouvre la théière dans le but de conserver plus longtemps la chaleur du thé qui s'y trouve. Cet instrument est fort populaire en Angleterre.

Le samovar

Le samovar est un instrument dont on se servait déjà il y a des siècles pour faire le thé. Quoiqu'il soit d'origine perse, c'est surtout en Russie qu'on s'en sert aujourd'hui. Bien sûr, sa formule a évolué. Du principe un peu grossier d'une bouilloire à robinet, il est devenu... électrique.

Au tout début de l'ère industrielle, boire le thé faisait vraiment partie des mœurs des Russes. Le samovar se trouvait alors partout: dans les maisons, au restaurant, dans les bureaux. On trouvait même des samovars au coin des rues pour offrir du thé aux passants. Les trains avaient aussi leurs samovars pour contenter les passagers. Le samovar portait à lui seul toute une culture. Comme ailleurs dans le monde, le thé est devenu grâce à lui synonyme d'hospitalité, symbole de paix et de communication.

Les premiers samovars que connut la Russie furent importés. Les Russes se mirent rapidement à les décorer et à créer des samovars, véritables œuvres d'art. Le premier samovar véritablement russe aurait été fabriqué en 1820. Dès 1900, on comptait déjà 40 usines de fabrication de samovars en Russie; ces usines en produisaient environ 630 000 par année.

Les samovars venaient dans des formes et des grandeurs différentes, selon l'usage auquel ils étaient destinés. La plupart étaient petits, ayant autour de 45 centimètres de haut, et étaient conçus pour les maisons et les bureaux. Les plus gros samovars pouvaient avoir plusieurs pieds de hauteur et de diamètre. Les samovars portatifs étaient équipés de poignées et de pieds amovibles; d'autres contenaient des compartiments pour préparer la nourriture. Plusieurs présentaient des détails travaillés dans le fer, dans le bronze ou dans l'argent.

La boîte à thé

Faites de bois aussi bien que de porcelaine, de bambou ou d'argile de la région de Yixing, ces boîtes viennent aussi dans tous les formats. Elles servent à contenir le thé pendant le service pour remplacer la boîte commerciale, mais elles sont tout à fait inappropriées pour conserver le thé.

LE NETTOYAGE

Le thé est l'objet de bien des débats. Le nettoyage de la théière constitue l'un d'eux. La meilleure manière de s'y prendre diffère souvent d'un amateur à l'autre, d'un spécialiste à un autre.

La majorité optent cependant pour la façon suivante: on rince seulement la théière après usage et on la lave soigneusement occasionnellement. Encore là, ce que signifie le terme «soigneusement» est matière à délibération. L'utilisation du savon serait impensable pour certains, puisque ce dernier laisserait un goût qui contrecarrerait celui des infusions. En fait, ce qui fait que les gens diffèrent d'opinion en ce qui a trait au nettoyage de la théière tient dans une seule et même raison: désirent-ils, oui ou non, que leur théière conserve les traces des infusions précédentes? Certains sont d'avis qu'il est impératif de le faire, alors que d'autres ne voient là qu'une certaine forme d'insalubrité. Sachez qu'il existe une théière toute particulière, la Yixing, qui est justement conçue expressément pour conserver au mieux ces traces du passé.

Ceci étant dit, si on choisit tout de même de faire son thé avec une théière «ordinaire», qu'elle soit faite de céramique ou de verre, on peut aussi opter pour l'option «sans savon». Alors quoi? On rince seulement, éternellement? Non. Vous pouvez sans crainte utiliser du bicarbonate de sodium dont vous vous servez pour faire tremper la théière. Après une bonne heure remplie d'eau chaude et de bicarbonate de sodium, votre théière est fin prête pour un brossage en règle qui lui enlèvera tout souvenir. Évitez enfin d'utiliser le lave-vaisselle; ce dernier a souvent un effet néfaste sur les théières.

Afin d'éviter que de la moisissure se forme à l'intérieur de votre théière, prenez soin de toujours en retirer le couvercle lorsque vous ne vous en servez pas. On recommande en outre d'y laisser quelques feuilles de thé lorsque vous pensez ne pas l'utiliser pendant un bon moment; cela permettra de prévenir l'humidité.

CHAPITRE 4

LES TYPES DE THÉ

*L*e domaine du thé n'est pas compliqué. Il y a trois grands types de thé: le noir, le vert et le oolong. Et les trois thés proviennent des feuilles de la même plante, le *Camelia sinensis*. La seule différence: les feuilles sont traitées différemment pour chacun des types de thé. Les feuilles du thé noir ont en effet été oxydées durant quelques heures, alors que celles du thé oolong l'ont à peine été et que celles du thé vert ne l'ont pas été du tout.

UNE VARIÉTÉ DE THÉS

Les trois types de thé que sont le thé vert, le thé noir et le thé oolong comprennent à leur tour toute une variété de thés dont voici les principales:

- Le thé noir comprend: le Assam (de l'Inde), le Ceylan (du Sri Lanka), le Darjeeling (de l'Inde), le Keemum (de Chine), le Nilgiri (de l'Inde), le Sikkim (de l'Inde) et le Yunnan (de Chine);

- Le thé vert comprend: le Genmaicha (du Japon), le Gyokuro (du Japon), la Jambe d'araignée (du Japon), le Matcha (du Japon), le Sencha (du Japon), le Hojicha (du Japon), le Long Jing (de Chine), le Baojong (de Chine) et le Gunpower (de Chine);

- Le thé oolong comprend le Tie Guanyin (de Chine), le Oolong (de Formose ou Taiwan), le Pu'er (de Chine).

À cela s'ajoutent:

- Les thés aromatisés: Thé au jasmin (de Chine; il s'agit en fait d'un thé vert qui est parfumé aux fleurs de jasmin), Earl Grey (en provenance de l'Angleterre et des États-Unis, il s'agit en fait d'un thé noir aromatisé à l'essence de bergamote), le Lapsang Souchong (de Chine et de Taiwan; un thé noir aromatisé à la fumée de feuilles brûlées);

- Les mélanges populaires: Caravane Russe, Irish Breakfast, English Breakfast.

Je décrirai brièvement chacun de ces thés, et d'autres encore, au cours des prochaines pages.

LE THÉ NOIR

Quelle que soit sa variété ou son appellation, le thé noir demeure le thé le plus consommé du monde; par exemple, aux États-Unis, il constitue 94 % de la consommation totale. Une autre légende du monde du thé veut que le thé noir ait été découvert par hasard: une cargaison de thé vert aurait fermenté durant un voyage de Chine vers l'Europe.

L'infusion réalisée à partir de ce thé est d'une teinte ambrée à brun-rouge; elle propage un intense parfum et est plutôt riche au goût. La consommation de thé noir apporterait de nombreux bienfaits au même titre que le thé vert, les deux provenant d'ailleurs, rappelons-le, de la même plante. Si on dit de lui qu'il est noir, ce n'est pas parce que ses feuilles sont de cette couleur, mais bien parce que l'infusion qu'il produit est noirâtre en raison de la fermentation.

Le thé noir, donc, est celui qui est le plus couramment utilisé en Amérique du Nord pour confectionner les sachets de thé. On le connaît plutôt chez nous sous l'appellation *Orange Pekoe*. Pekoe est un dérivé d'un mot chinois qui signifie: blanc. On aurait ainsi voulu faire référence à l'espèce de cheveu blanc que l'on trouve sur les bourgeons du théier. Les premiers marchands occidentaux de thé utilisaient l'expression *Pekoe* pour indiquer que les feuilles utilisées dans leurs thés provenaient du bout des branches. Plus tard, l'expression a plutôt signifié que les feuilles utilisées étaient complètes et d'une dimension uniforme; c'est dans ce sens que l'on utilise encore l'expression aujourd'hui.

Quant à la signification du mot *Orange,* elle est moins explicite. L'hypothèse la plus plausible veut qu'il s'agisse du nom de la famille royale néerlandaise qui a beaucoup fait pour placer son pays en position stratégique à l'égard du commerce du thé. D'autres y voient plutôt un rappel de la manière chinoise de préparer le thé en l'aromatisant aux fleurs d'oranger. Une chose est certaine, l'appellation *Orange Pekoe* garantit un produit de meilleure qualité que l'étiquette mentionnant uniquement *Pekoe.* Si vous avez entre les mains un thé que l'on dit cette fois *Flowery Orange Pekoe* (ou FOP), c'est qu'on a utilisé le bourgeon de la feuille. Un *Broken Orange Pekoe* ou un *Broken Pekoe* signifient, quant à eux, que les feuilles qu'ils contiennent ont été cassées, facilitant leur mise en sachet et favorisant une infusion plus rapide. Évidemment, ce sont cependant les feuilles entières qui offrent ici une saveur plus intéressante.

Du côté des thés Darjeeling, le classement ressemble davantage à un genre de code morse tout à fait incompréhensible pour le profane, mais cependant fort simple: TGFOP, FTGFOP, SFTGFOP ne sont finalement que des abréviations on ne peut plus brèves. Voyons ce qu'elles signifient:

TGFOP: tippy, golden, flowery, Orange Pekoe.

FTGFOP: fine, tippy, golden, flowery, Orange Pekoe.

SFTGFOP: super fine, tippy, golden, flowery, Orange Pekoe.

L'étiquette des Darjeeling peut aussi à l'occasion comprendre les mentions suivantes:

ESTATE: Cette mention indique simplement la plantation d'où proviennent les feuilles du thé que vous avez entre les mains.

VINTAGE: Cette mention signifie quant à elle que les feuilles proviennent de la seule et même plantation; aucun mélange n'a été effectué.

FIRST FLUSH: Cette indication fait état du moment où la récolte a été effectuée. Dans ce cas-ci, il s'agit de la première récolte de la saison, celle qui est, par ailleurs, généralement la plus fine. C'est la récolte du printemps. L'infusion réalisée à partir d'un First Flush donne une infusion pâle, légère et présentant un arôme délicat.

SECOND FLUSH: Cette mention fait aussi état du moment de la récolte; il s'agit donc ici de la deuxième récolte de la saison. Celle-ci est généralement un peu moins délicate que la première. C'est la récolte d'été. L'infusion est davantage cuivrée, elle a un goût de fruit mûr que l'on qualifie parfois de «goût de muscat». Ce Second Flush a plus de corps que le First Flush.

AUTOMNAL FLUSH: Cette indication signifie simplement qu'il s'agit de la récolte d'automne.

Compte tenu de la quantité plutôt phénoménale de thé offerte sur le marché, il est presque impossible de chercher à en dresser une liste exhaustive et encore moins de décrire chacun d'eux. C'est pourquoi vous trouverez ici une description plutôt sommaire de quelques-uns des thés noirs les plus connus et les plus populaires.

L'Assam
Ce thé qui nous provient de l'Inde donne une boisson de couleur orangée tournant même au rouge. Son goût est fort et on le compare parfois à celui du malt. Les thés d'Assam sont tanniques, astringents et épicés. Il est fréquent d'y voir ajouter une goutte de lait.

Si plusieurs mélanges contiennent une part d'Assam, il peut cependant être bu seul. Ce thé constitue d'ailleurs l'unique variété utilisée dans les «mélanges» de type «Irish Breakfast». Les thés de la région d'Assam représentent le tiers de toute la production indienne de thé. Cette seule région compte d'ailleurs plus de deux mille jardins de thé. Les théiers y sont aussi plus gros et leurs feuilles plus larges que ceux que l'on trouve en Chine.

Deux variétés d'Assam valent la peine d'être mentionnées: le Bherjan et le Khongea. Le premier est un thé vert organique qui produit de petites feuilles foncées offrant une infusion vraiment plaisante au goût léger. Il s'agit d'un excellent thé de tous les jours. Le second est un thé vert qui offre plusieurs infusions vives d'un vert délicat.

Le Ceylan
Le Ceylan provient du Sri Lanka (Ceylan est l'ancien nom du Sri Lanka). Comptant plusieurs variétés, ce thé est largement utilisé aux États-Unis pour confectionner les mélanges de types commerciaux. Voici, à titre de repère, quelques noms de jardins de Ceylan choisis au hasard: Braemore, Cullen, Deeside, Fairlawn, Gordon, Hagalla, Henfold, Keena, Laxapana, Mahadowa, Melfort, Monte Cristo, Neluwa, New Portmere, Rothschild, Saint James, Tembiligalla, Udaveria, Watte Gode, Yarrow.

Le Darjeeling
Darjeeling est le nom d'une région indienne située au pied de l'Himalaya. Quelque 108 jardins cultivent le thé dans cette région fort connue, qui est subdivisée

en sept grands districts que vous pourrez reconnaître sur vos emballages de thé: Darjeeling Ouest (DJO), Darjeeling Est (DJE), Kurseong Sud (KS), Kurseong Nord (KN), Rungbong (R), Mirik (M), Teesta Valley (TV). Notons au passage que la région de Darjeeling produit du thé qui est issu de deux sortes de théiers: le théier chinois et le théier indien. La région utilise aussi de plus en plus des croisements et des clones.

L'emballage d'un Darjeeling devrait vous informer sur le type de théier ou le pourcentage dans la confection du thé que vous tenez entre les mains. Le premier chiffre indique le pourcentage d'utilisation du théier chinois, tandis que le deuxième fait référence au théier indien; le troisième chiffre se rapporte aux clones ou aux croisements. Voici quelques exemples: Ambootia (65/25/10) (KN), Chamon (40/60) (R), Glenburn (57/40/3) (TV), Longview (50/50) (KS), Mim (60/40) (DJE), Singbulli (70/30) (M), Sungma (47/53) (R). Évidemment, ces proportions ne sont pas coulées dans le béton et sont plutôt amenées à changer au fur et à mesure des saisons et des particularités des récoltes.

Chaque année, ce sont 11 millions de kilos de Darjeeling qui sont cultivés, alors que 50 millions de kilos de ventes se trouvent reportées. En d'autres termes, on ne suffit pas à la demande. Ce thé, qui compte parmi les plus connus et les plus appréciés, donne une boisson légèrement rosée ou dorée. Il s'agit d'ailleurs d'un thé assez cher; en fait, c'est carrément le plus cher des thés noirs. Il fait d'ailleurs partie de ceux que l'on qualifie de «champagne des thés». Pour avoir un vrai Darjeeling, il faut prendre bien soin de lire les étiquettes et s'assurer que le paquet contient du Darjeeling à 100 % car il est fréquemment inclus dans des mélanges. De cette manière, on peut profiter à souhait de ses magnifiques arômes de fleurs et d'amandes. Fait à noter, la région produit également quelques thés verts ainsi que quelques blancs.

Le Keemum

Ce thé en provenance de la Chine constitue la plus grande partie des mélanges de type «English Breakfast». Il arrive même fréquemment que ces types de thé ne renferment que du Keemum. Cette variété de thé a la particularité de produire une boisson nettement rouge offrant un goût plutôt fruité, sucré, mais subtil. Il renferme aussi une combinaison de saveurs fort intéressantes allant même jusqu'à offrir parfois un subtil goût de fumée ou rappelant quelque chose de l'orchidée.

Le Lapsang Souchong

C'est son goût net de fumée qui distingue particulièrement ce thé chinois réalisé à la manière artisanale et presque toujours présenté en feuilles complètes. Il s'agit donc, en fait, de ce que l'on appelle un «thé fumé». C'est la technique de chauffage — qui privilégie l'utilisation de branches de sapin — qu'on utilise pour cesser la fermentation des feuilles de thé qui lui donne ce goût tout particulier. En fait, on cherche à masquer, avec le goût de fumée, le goût peu subtil des feuilles les plus grandes, et donc les plus âgées, dont est fait le Lapsang Souchong. Mais au-delà de ce goût flagrant de fumée, les Lapsang Souchong de qualité savent aussi offrir d'autres saveurs. On trouve notamment ce type de thé dans les mélanges «Caravane russe», quoique les thés fumés soient toujours d'origine chinoise. La région de Taiwan produit aussi un thé fumé commercialisé sous le nom de Tarry Souchong.

Le Nilgiri

Voilà un thé en provenance de l'Inde que l'on pourrait très bien comparer au Ceylan. S'il peut être bu nature, le Nilgiri gagne cependant à être inclus dans des mélanges, ce qui lui arrive le plus souvent. Ce thé très aromatique est idéal pour constituer des mélanges avec des essences de fruits ou de fleurs.

Le Sikkim

Produit dans une région toute proche de Darjeeling, le Sikkim compte quelques caractéristiques de sa voisine. Cependant, il regorge également d'une saveur de malt qui le rapproche davantage de l'Assam. Quoique encore peu connu (et donc encore très abordable), il s'agit d'un excellent thé.

Le Yunnan

Ce thé originaire de Chine est offert en versions plus ou moins coûteuses. Si les plus abordables sont moins intéressantes, les plus chères se montrent plus généreuses, voire remarquables. Les saveurs que l'on peut distinguer sont poivrées et rappellent l'humus. Contenu dans les mélanges de type «Caravane russe», le Yunnan produit une boisson de couleur marron, aux notes plutôt rondes et onctueuses.

LE THÉ VERT

C'est le thé asiatique par excellence. Là-bas, on le préfère à tout autre. Au Japon, par exemple, boire le thé vert fait plus que partie du quotidien. Dès le matin, il est partie prenante du petit déjeuner, alors qu'on le boit en accompagnement du riz matinal, si ce n'est en l'y mélangeant carrément. Il accompagne également les autres repas de la journée et est offert à tout visiteur qui se pointe durant la journée. Il va sans dire que le thé vert fait aussi partie des événements importants de la vie des Japonais. Il possède même sa propre cérémonie, le chanoyu — cérémonie du thé — au cours de laquelle il est servi avec le maximum d'élégance (voir le chapitre 6).

Ce thé non fermenté présente une saveur toute délicate. On a longtemps cru que le thé vert était celui qui entraînait le plus grand nombre de bienfaits pour la santé. S'il est effectivement très intéressant à ce point de vue, on reconnaît cependant aujourd'hui que le thé noir porte des vertus intéressantes: il est, de fait, tout aussi indiqué pour prévenir la maladie. Il sera davantage question de ces aspects dans le chapitre 5 intitulé «Le thé et la santé».

Il n'existe pas véritablement de système de classement pour le thé vert, sinon une répartition qui relève des régions d'origine. C'est vrai en tout cas pour les thés chinois.

LE BANCHA
Il s'agit d'un thé vert japonais de qualité inférieure du fait qu'il est cueilli à l'automne. C'est le thé de tous les jours des Japonais. Ce thé au goût astringent produit une infusion plutôt jaune qui est pauvre en théine.

LE BAOJONG
Ce thé originaire de la Chine compte de nombreuses similarités avec les thés de type oolongs. Par ailleurs, son odeur exceptionnelle se rapproche de celle des lilas. On l'utilise dans certains mélanges de thé au jasmin de grande qualité. Certains vont même jusqu'à dire que le Baojong constitue à lui seul un quatrième type de thé.

LE CHUN MEI
Les feuilles sont ici enroulées en formant de petites courbes. Ce thé originaire de la région du Yunnan produit une infusion d'une belle teinte ambrée. Il possède, du reste, un goût remarquable. Il est possible de faire plusieurs infusions avec ce thé.

LE DRAGONWELL (LONG JING)
Il s'agit du thé favori des Chinois. Cet excellent thé aux saveurs complexes signifie «puits de dragon», en référence à un puits célèbre qui, selon la légende,

abriterait un dragon. Il s'agit d'un thé frais et sucré. Ses feuilles sont plates, entières, longues et d'un vert puissant. Elles peuvent servir à quelques infusions. Ce thé doit être cueilli tôt au printemps, avant la saison des pluies qui lui ferait perdre tout son intérêt. Le Dragonwell vient en huit différentes qualités. À titre d'exemple, celui de meilleure qualité possède des bourgeons, alors que les autres n'en ont pas. Autrement, pour savoir reconnaître un bon Dragonwell, il faut se pencher sur quatre aspects: sa couleur (les feuilles doivent présenter une couleur vert jade), son arôme, son goût et la forme de ses feuilles (plates et élégantes).

Le Dong Yang Dong Hai
Ce thé est reconnu pour son arôme fleuri et son goût doux, quoique riche et sucré.

L'Eshan Pekoe
Les feuilles de ce thé sont longues et tordues. Si certains l'utilisent comme thé de tous les jours, d'autres préfèrent le réserver pour les occasions spéciales.

Le Genmaicha
Le Genmaicha est très particulier. En fait, cela tient presque davantage d'un repas que d'un simple thé: il s'agit d'un thé vert auquel on ajoute du riz. Le Genmaicha est normalement bu à la fin du repas.

Le Gunpower

Ce thé chinois est reconnu pour être fort, mais très désaltérant. Ses feuilles sont roulées si étroitement qu'elles finissent par ressembler à de petites boulettes de poudre à canon, d'où leur nom. Le Gunpower est réalisé à partir des bourgeons des feuilles et des plus jeunes feuilles seulement. Ce thé, qui provient de la région de Jedjiang, signifie «thé de perles» en chinois. Il a été le premier à être exporté de Chine vers l'Europe. Si on s'est mis à rouler ces feuilles en pareilles petites balles, c'est justement pour préserver leur fraîcheur durant ce grand voyage vers l'Europe. Les boules se déploient en infusant, offrant alors un spectacle fort intéressant. Autrefois fabriquées à la main, ces boulettes sont désormais plus souvent qu'autrement faites mécaniquement. Enfin, le Gunpower est souvent utilisé dans les mélanges de thé marocain à la menthe.

Le Guzhan Maohan (Mao Jin)

Ce thé chinois en est un de printemps qui ne peut être moissonné que durant une courte période de dix jours. L'infusion qu'il produit, de couleur assez foncée, offre une douce saveur de fumée.

Le Gyokuro

Ce thé dont le nom signifie littéralement «buée de perles» est originaire du Japon. Il s'agit d'un excellent thé, de loin le meilleur Sencha que produit le Japon, peut-être même le meilleur du monde et certainement celui offrant la plus belle teinte. Il est cueilli au printemps.

Le Hojicha

Le Hojicha n'est ni plus ni moins qu'un Bancha japonais que l'on grille à des températures très élevées, ce qui lui donne un goût de noisette et de fumée. Il ne s'agit pas d'un thé de connaisseur, mais d'un thé fort amusant qui est à conseiller pour le soir puisqu'il contient très peu de caféine.

Le Hyson

Ce terme, qui était fort populaire aux XVIIIe et XIXe siècles, est aujourd'hui de plus en plus délaissé, mais certains marchands continuent de l'utiliser. Les Indiens aussi ont leur thé Hyson, ce qui peut provoquer de la confusion par moments. Le Hyson chinois est habituellement légèrement tourné et offre d'agréables surprises en infusion, même après quelques-unes.

L'Imperial

Ce thé est roulé en balles faites avec des feuilles plus âgées et, donc, plus grandes.

La Jambe d'araignée

Ce thé au nom étrange tire son appellation de l'allure qu'ont les feuilles après le chauffage. Il s'agit d'une variété de Gyokuro chinois, sauf que celui-ci a la particularité d'être chauffé dans des paniers de bambou.

Le Lu Shan Yun Wu (nuages et brume)

Voilà l'un des dix meilleurs thés verts chinois. Produit de la province de Jiangxi, son infusion est claire et offre un goût rafraîchissant.

Le Matcha et le Tencha

Originaire du Japon, il s'agit d'une seule et même variété; on le nomme différemment selon que les feuilles sont complètes (Tencha) ou réduites en poudre (Matcha). On utilise ce thé, réduit en poudre, au cours des cérémonies de thé.

Le Pan Long Yin Hao

De la province du Zhejiang, en Chine, ce thé produit une infusion aux multiples saveurs. Il est sorti gagnant à maintes reprises de compétitions de thé menées par le ministère de l'agriculture chinois.

Le Pei Hou

Ce délicieux thé en provenance de Chine a la particularité de n'être récolté qu'une seule journée de l'année. La seule manière d'avoir accès au site où il pousse est de marcher pendant plusieurs heures.

Les Perles vertes (balles de soie)

Ces petites perles d'environ six millimètres de diamètre sont faites de trois ou quatre feuilles de thé qui cachent un petit bourgeon en leur centre. L'infusion qui en résulte est d'une teinte dorée. On peut aussi se rendre jusqu'à six infusions avec les mêmes perles.

Le Pi Lo Chun

Il s'agit d'un thé intéressant, qui présente des petites feuilles tordues, courbées. Produit au début du printemps, l'infusion qui en découle est plutôt jaune et a un arrière-goût fort intéressant.

Le Sencha

Le Sencha est un thé vert japonais relativement bon. Il signifie, mot pour mot, «thé infusé». Ses feuilles très vertes donnent une infusion d'un vert délicat, au goût sucré et astringent. Elles sont cueillies durant l'été. Le Sencha est le thé que l'on offre aux invités.

Le Taiping Hougui

Ce thé à très grandes feuilles pousse dans la province de Anhui. Il donne de multiples infusions douces, avec des tons fruités et quelque chose rappelant l'orchidée sans qu'il ait été parfumé avec cette fleur.

Le Twankay

Ses feuilles ne sont pas roulées et il s'agit d'un thé de mauvaise qualité.

Le Young Hyson

Ses feuilles roulées ressemblent plutôt à des tiges.

LE THÉ OOLONG

Ce thé, qui signifie «dragon noir», a fait son apparition il y a environ 300 ans. Il est légèrement fermenté ou, selon la formule la plus officielle, «semi-fermenté»; il l'est moins que le thé noir cependant. On lui reconnaît à la fois les qualités du thé noir et du thé vert. Sa couleur varie toutefois du vert à l'or en passant par le rose.

Encore peu connu, le thé oolong est fort apprécié des amateurs, qui le considèrent en fait comme faisant partie des meilleurs. Ses odeurs florales et son goût de bonne pêche mûre sont plus qu'intéressants. On peut parfois même y dénoter des saveurs de miel et de noisettes.

Notamment très populaire en Chine, ce thé a pour sa part un système de classement très simple qui en indique la qualité. Le classement s'échelonne du *Common* au *Fanciest,* soit de la qualité la plus ordinaire à la meilleure. Les thés oolongs préfèrent les «longues» infusions, soit celles d'une durée approximative de cinq minutes. Voici les principales sortes.

LE THÉ OOLONG DE FORMOSE

Originaire de Taiwan, le thé oolong de Formose est excellent. On dit de lui qu'il n'est rien de moins que le «champagne des thés». On peut en trouver plusieurs variétés qui peuvent présenter d'aussi nombreuses différences. L'étiquette devrait vous renseigner sur la qualité... Parmi les meilleurs, sinon le meilleur, il faut noter l'Oriental Beauty. Ce thé très fermenté est orange foncé et possède un fort goût de fruit. Il faut par ailleurs retenir le fameux «déesse de miséricorde en fer» (Tie Guan Yin) et le «pic glacé» (Dong Ding

Wulong) à la couleur ambrée et au parfum de baies sauvages. Le thé de Formose contient très peu de caféine et est donc tout indiqué pour le soir. Il est du reste recommandé de ne rien ajouter à ce thé fruité.

Taiwan propose aussi des thés dits *Chineese Oolong* qui sont moins fermentés que les véritables *Formose Oolong*. Parmi les plus reconnus, citons le Pouchong (suave et sucré), le Tung Ting (fort intéressant par sa profondeur) et le Fancy (boisé, dégageant un parfum de noisettes).

Le Tie Guanyin

Fort coûteux lorsqu'il est de qualité, ce thé est aussi proche parent du oolong de Formose. Certains le placent un cran au-dessus du thé oolong de Formose, d'autres un cran au-dessous.

Le Pu'er

Originaire du Yunnan, en Chine, ce thé de couleur rouge foncé a de plus particulier son goût prononcé de terre. Bien qu'il soit classé dans la catégorie des oolongs, certains le placeraient plutôt dans les thés noirs. En fait, il se situerait quelque part entre les deux catégories, puisqu'il est plus fermenté qu'un oolong habituel et moins ou différemment qu'un thé noir. Aujourd'hui encore, on utiliserait cette infusion comme médicament. Il s'agit sûrement d'un des thés les plus surprenants. Avis à ceux qui recherchent les expériences.

LE THÉ BLANC

Oui, le thé blanc existe. Il s'agit certes du plus rare, du plus exceptionnel et du plus coûteux d'entre tous. Fait à partir des bourgeons seulement, le thé blanc ne provient que d'une seule et même région: la province de Fujian, en Chine. Il a aussi la particularité de ne pouvoir être cueilli que durant deux seules petites journées de l'année et de ne subir aucune transformation, au contraire des autres thés: on le sèche et on l'emballe, un point c'est tout.

Parmi les plus connus et les plus fameux thés blancs, il y a celui que l'on nomme en français «aiguilles vertes» (Yin Zhen). Il n'est constitué que de bourgeons et n'est cueilli que deux ou trois jours par année, ce qui en fait un des thés les plus chers du monde. Le Pai Mu Tan (pivoine blanche) est lui aussi constitué de bourgeons, mais compte également de belles feuilles.

L'infusion de thé blanc est d'une couleur très pâle — voilà pourquoi on le dit «blanc» — et d'un goût si subtil et délicat que le profane pourrait le trouver insipide à ses premières expérimentations.

LES MÉLANGES POPULAIRES

Les mélanges — qui sont souvent nommés selon leur appellation anglaise *Blends* — contiennent normalement entre vingt et trente variétés de thé provenant de différents jardins. C'est en fait la popularité extraordinaire de ces mélanges qui oblige les producteurs à se regrouper afin de répondre à la demande. Généralement concoctés de manière à répondre au goût du plus grand nombre, ces mélanges ne se démarquent d'aucune façon.

Le thé English Breakfast
Il n'y a pas mélange plus dénaturé. Chaque promoteur est libre de constituer sa propre recette selon ses goûts. Il est cependant fréquent de compter dans ces mélanges des thés en provenance de l'Inde et du Sri Lanka.

Le thé Irish Breakfast
Plus souvent qu'autrement, ces mélanges sont constitués d'Assam en très large partie ainsi que de Ceylan.

Le Brunch Tea
Ce mélange, que l'on trouve depuis peu de temps, est constitué d'Assam et de Darjeeling.

L'Afternoon Tea
Il a presque la même composition que le Breakfeast Tea, mais en moins corsé et en plus aromatique.

La Caravane russe
Ce mélange est principalement constitué, pour sa part, de Yunnan ou de Keemum. Il compte aussi du Lapsang Souchong et, à l'occasion, du oolong.

LE GOÛT RUSSE

Le Goût russe utilise du thé de Ceylan, de l'Inde et de la Chine auquel on ajoute quelques arômes d'agrumes.

LES THÉS PARFUMÉS

LE THÉ AU JASMIN

Originaire de Chine, le thé parfumé aux fleurs de jasmin est plus souvent qu'autrement réalisé à partir de thé vert. À l'occasion, on en trouve qui est fait avec du Baojong. Le thé au jasmin reconnu parmi les meilleurs — et peut-être même comme le meilleur —, est le Yin Hao. La fleur de jasmin, qui serait arrivée en Chine par la Perse, est utilisée depuis au moins une dizaine de siècles pour parfumer le thé vert. Comme la fleur de jasmin ne s'ouvre que la nuit, ce n'est qu'à ce moment que l'on peut parfumer le thé en étendant sur ses feuilles une bonne couche de bourgeons de fleurs. Au matin, les fleurs sont retirées, puis remises le soir. On peut répéter ce procédé jusqu'à onze fois. Ce sont les thés au jasmin en provenance de la province du Fujian qui sont renommés être les meilleurs. Comme tous les autres types de thé, le thé au jasmin compte plusieurs variétés. Les meilleures ne présentent pas de pétales; ces derniers sont enlevés afin d'éviter l'amertume.

LE THÉ EARL GREY

Souvent confectionné à base de variétés de thés noirs, le Earl Grey est tout ce qu'il y a de plus anglais;

il porte même le nom d'un comte anglais! Il est parfumé à la bergamote, cet agrume non comestible dont on ne peut se servir que de l'essence. À l'occasion, on peut le trouver aussi à base de thé vert ou de Darjeeling.

Le thé aux fleurs de lotus

Anciennement, on trouvait en Chine un thé parfumé aux fleurs de lotus. La façon dont on parfumait ce thé tient de la poésie la plus pure: on plaçait le thé dans un petit sac de gaze avant de le déposer dans le calice du lotus pour la nuit... On le laissait s'imprégner ainsi des parfums de la fleur jusqu'au petit matin; après l'aube, on retirait le thé du calice.

LES THÉS AROMATISÉS

Thés parfumés et thés aromatisés sont deux produits bien distinctifs. Si les premiers relèvent d'un art certain mettant à profit des produits et des techniques toutes aussi naturelles les unes que les autres, les thés aromatisés sont d'un tout autre domaine. Il s'agit ici d'essences de fruits, de fleurs, ou peu importe, pulvérisées artificiellement sur les feuilles. Le thé utilisé pour concocter ces mélanges aromatisés compte évidemment parmi les plus médiocres; on cherche donc à camoufler leur goût par tous les moyens. Ces thés beaucoup moins prisés des grands amateurs ont cependant la cote auprès des plus profanes, notamment parmi la clientèle féminine ainsi qu'auprès des jeunes. La stratégie marketing des producteurs de thés aromatisés est d'attirer ces clientèles, qui sont à la base moins intéressés aux autres thés. Une fois cela fait, on pourra davantage penser pouvoir les emmener vers d'autres secteurs.

On trouve des thés aromatisés à toutes les essences ou presque. Si on trouve par hasard quelques pelures ou pétales dans un paquet de thé aromatisé, ce n'est que par pur souci de décoration et de marketing. Les Asiatiques sont peu friands de pareils thés; ils n'en consomment pas plus qu'ils n'en produisent. Les Européens, par contre, en raffolent depuis leur intrusion sur le marché dans les années 1970.

Les thés aromatisés proposent de nombreux parfums; voici quelques exemples d'un large et parfois bizarre éventail: thé aromatisé aux poires, aux pêches, au cassis, à l'ananas, à la banane, au chocolat, au caramel, au rhum, ainsi qu'aux fleurs (chrysanthèmes, roses...) et aux agrumes (pamplemousse, mandarine, etc.) qui prêtent leur parfum et quelques pétales ou morceaux d'écorce. Depuis peu, le Canada a même porté la main à la pâte en proposant à son tour un inédit thé aromatisé à l'inévitable sirop d'érable!

LES THÉS INSTANTANÉS

Le thé instantané est plus souvent qu'autrement produit à partir de thé noir dont on a extrait l'essence. L'extrait est concentré et séché jusqu'à ce qu'il prenne la forme d'une poudre. De basses températures sont utilisées afin de minimiser la perte de saveur et d'arômes.

On trouve aussi des thés verts instantanés. Pour ceux-là, le procédé est presque identique à celui utilisé pour le thé noir. La seule différence est que pour le thé vert, on utilise une eau chaudc pour extraire l'essence des feuilles en poudre.

LES THÉS EN SACHET

Il est vrai que les meilleurs thés sont vendus en vrac. On ne reviendra pas sur cette vérité de La Palice. Il est vrai aussi que de nombreux producteurs sont tentés d'introduire du thé de moindre qualité dans leurs sachets opaques qui, croient-ils, sauront garder le secret. Mais au-delà de ces considérations, il est possible de faire du bon thé en sachet et certains le font. Une chose est sûre ccpcndant: l'esprit du thé est alors plus difficile à cerner...

Un bon thé en sachet doit respecter des règles élémentaires. Premièrement, le fabricant doit éviter d'utiliser des agrafes de métal et de blanchir au chlore les sachets aussi bien que les fils. Par ailleurs, il doit chercher à ne pas trop emplir le sachet de manière à laisser l'occasion au thé de s'épanouir pleinement une fois en contact avec l'eau. Il doit en outre s'écouler au moins quelques jours entre la fabrication et le remplissage des sachets de manière à éviter que le thé prenne le goût de colle, de carton, etc.

Le thé en sachet existe depuis 1904 et connaît un essor foudroyant depuis la Deuxième Guerre mondiale, quoi qu'en disent ses détracteurs; il semble bien inscrit dans les habitudes de millions d'amateurs américains et européens et ne semble pas être voué à disparaître.

LES THÉS «FAÇONNÉS»

Summum du plaisir, tout fervent amateur de thé rêve un jour de se retrouver devant un bol de thé façonné. Comme son nom l'indique, il s'agit de feuilles de thé que l'on a «façonnées», reliées ensemble de manière qu'elles forment une magnifique fleur en se déployant au contact de l'eau. Certains thés façonnés cherchent à ressembler davantage aux pivoines, d'autres à des fleurs de lotus, par exemple. Ces thés ni plus ni moins qu'artistiques proviennent d'une seule et même région de Chine, le Huang Shan. On utilise du reste un thé vert exceptionnel pour les confectionner. Inutile d'ajouter que ces thés comptent parmi les plus coûteux.

CHAPITRE 5
LE THÉ ET LA SANTÉ

Le thé est très bon pour préserver la santé.
Il a le pouvoir extraordinaire de prolonger la vie.
Toute personne qui en consomme
peut espérer vivre longuement.

Eisai, Kitcha Yojoki (1211)

*D*es écrits chinois datant des années 350 environ font déjà référence à l'utilisation du thé comme médicament ou comme substance incluse dans différents traitements. Voici, à titre d'exemple, une recette qui était fort populaire à l'époque pour vaincre les maux d'estomac: on écrasait en morceaux des feuilles de thé que l'on faisait ensuite rôtir avant de les faire bouillir avec de la racine de gingembre et de l'oignon... Déjà vers les années 200, on décrivait le thé comme étant fortifiant et tonifiant. Beaucoup plus tard, au XVIIe siècle, en France, on le jugea bon pour soigner les maux de tête.

De nos jours, les effets bénéfiques du thé sur la santé sont encore pris très au sérieux. Tellement que deux symposiums scientifiques internationaux sur le thé et la santé ont été tenus à ce jour: un en 1991, l'autre plus récemment encore, soit en 1998. Ce dernier avait lieu à Washington, aux États-Unis, en présence de scientifiques du monde entier.

S'il y a déjà au moins vingt-cinq ans que certains scientifiques s'intéressent aux effets du thé sur la santé, ce n'est que depuis peu que l'on s'est mis à étudier ses constituants et leur action véritable sur la santé des animaux et, parfois, des humains. Quoiqu'il demeure encore sans doute nombre de recherches et d'études à réaliser, il est déjà possible d'affirmer sans crainte de se tromper que la consommation du thé a sa place au sein d'un régime alimentaire sain et équilibré. Les physiciens, les chimistes, les pharmacologues et les nutritionnistes de tout acabit s'y sont penchés et s'y penchent encore.

Il semble, d'après tous ces spécialistes, que consommer du thé quotidiennement, sur une longue période, pourrait même ralentir le processus de vieillissement. Les effets les plus notoires se font sentir, chez les animaux du moins, au niveau des poumons, de la peau, des intestins et du foie. Par ailleurs, le thé aiderait à se prémunir contre les infections virales aussi bien que contre la calvitie ou la mauvaise haleine, sans compter son impact sur le taux de sucre dans le sang et, bien évidemment, sa capacité à réduire les risques de maladies cardiovasculaires.

Décidément, cette boisson millénaire est vouée à un avenir très prometteur. Elle est protectrice et aide à prévenir les maladies. Au naturel, ajoutons que le thé n'est pas sucré et qu'il ne contient du reste aucun additif ou colorant. Par contre, il contient notamment de la vitamine C et de la vitamine E, du fluor ainsi que le très précieux bêta-carotène.

LE THÉ ET LE CANCER

Selon de nombreuses études, le thé contiendrait des polyphénols, substances qui seraient hautement antioxydantes. Les études indiquent même que le thé pourrait contenir davantage de substances antioxydantes que certains fruits et légumes. Les résultats de quelques recherches vont même jusqu'à placer le thé au-dessus de 22 fruits et légumes à cet égard. Or on connaît bien l'importance des antioxydants sur la santé. On les croit en effet de plus en plus utiles pour lutter, notamment, contre le cancer et les maladies cardiovasculaires. Ainsi, le thé pourrait offrir une protection contre plusieurs types de cancers, notamment le cancer du poumon, de la bouche, du tractus intestinal et digestif. De plus en plus d'études effectuées tant sur des humains que sur des animaux viennent corroborer ces hypothèses. Il s'agit d'études sérieuses réalisées par des médecins chevronnés dans des universités ou des centres de recherche renommés.

Le symposium de 1998 a en effet donné lieu à la présentation des résultats d'une étude démontrant un lien direct entre les effets préventifs du thé et la condition précancéreuse chez les humains. Ainsi, un médecin de l'Académie chinoise de médecine préventive de Beijing est venu présenter les résultats d'une étude qu'il a menée sur des sujets humains présentant des lésions buccales précancéreuses. Sur une période de six mois, il a utilisé auprès de ses patients un traitement incluant, entre autres, le thé vert et le thé noir. Le thé était administré par voie orale et appliqué directement sur les lésions. Le Dr Chen a constaté que ce traitement avait pour effet d'inhiber la prolifération des cellules précancéreuses. «C'est la première fois que l'on peut voir le thé tenir un rôle primordial dans la prévention de la formation du cancer chez les humains», a-t-il dit en substance lors de ce deuxième symposium.

Un médecin de l'American Health Foundation, le Dr Chung, a étudié quant à lui l'évolution de tumeurs pulmonaires chez les rats et les souris ayant ou non consommé du thé. Dans son cas, l'étude ne portait que sur le thé noir. Il a remarqué que ce dernier retardait le développement du cancer du poumon qu'on avait tenté de provoquer par l'injection de produits cancérigènes provenant du tabac. Une étude similaire réalisée cette fois à l'Indiana University School of Medicine abonde dans le même sens en affirmant que le thé (aussi bien vert que noir) serait efficace pour diminuer le niveau de stress oxydant. L'étude a montré des résultats particulièrement efficaces auprès des fumeurs.

Des études qui en sont encore aux premiers stades ont cependant déjà pu indiquer que le thé vert et le thé noir seraient, en outre, efficaces pour inhiber la formation et le développement de lésions précancéreuses au niveau du côlon, chez les rats. De même, au moins deux autres études affirment que le thé aurait un pouvoir certain sur la réduction des risques liés au développement de cancers du système digestif.

De plus, le fait que le Japon présente beaucoup moins de cas de cancer du poumon malgré que les Japonais soient de grands fumeurs est attribué au fait qu'ils consomment beaucoup de thé vert. D'autres recherches croient aussi que c'est, entre autres, cette boisson qui permet aux Japonais d'avoir de si bas taux de cancers du foie, du pancréas, du sein, de l'œsophage et de la peau. Le phénomène qui se produit dans la préfecture de Shizuoka, où l'on cultive le thé depuis des siècles, porte aussi à croire en l'incidence du thé sur le taux encore plus bas de cancers qu'affiche cette population par rapport à celui du reste du Japon. Ces gens ont l'habitude en effet de boire non seulement plus de tasses de thé par jour que les autres Japonais — on parle d'une bonne dizaine par rapport à la moyenne nationale qui est d'environ cinq — mais de ne faire aussi qu'une seule infusion avec les mêmes feuilles.

LE THÉ ET LES MALADIES CARDIOVASCULAIRES

Toujours selon des études présentées au deuxième symposium scientifique international sur le thé et la santé, le thé serait aussi fort efficace pour lutter contre les maladies cardiovasculaires, incluant les accidents vasculaires cérébraux. De ce côté, ce sont les flavonoïdes contenus dans le thé qui permettraient de réduire les risques de maladie. Des études épidémiologiques l'ont prouvé: une consommation même modérée de thé serait suffisante pour réduire amplement les risques de maladie cardiaque.

Chez certains animaux, il est clairement apparu que les flavonoïdes réduisaient le taux de cholestérol dans le sang. Du côté des humains, il faudra attendre encore quelque temps afin de prouver la véritable utilité du thé à cet égard. Il est cependant déjà assez répandu que la consommation de quatre à cinq tasses de thé par jour serait suffisante pour aider à réduire le taux de cholestérol dans le sang et la haute pression. C'est en tout cas ce que prônent des chercheurs anglais.

LE POINT SUR LA CAFÉINE

Élucidons d'abord une chose qui porte souvent à confusion. Que contient exactement le thé? De la caféine ou de la théine? Pour être exact, il contient de la théine; mais il s'agit en fait de la même chose que la caféine, c'est-à-dire d'un alcaloïde. Ceci étant dit, s'il est vrai que le thé contient de la caféine — ou de la théine! —, il est cependant faux de croire qu'il en contient autant que le café. En fait, le thé contiendrait deux ou trois fois moins de théine que le café contient de caféine, c'est-à-dire qu'une feuille de thé en contient de 2 % à 5 %. Mentionnons toutefois que la teneur en théine varie selon le type de thé, son origine, les conditions agricoles dans lesquelles il a été produit, etc. Évidemment, la durée de l'infusion joue aussi un rôle important en ce qui a trait à la quantité de théine présente dans le thé. En moyenne, on peut toutefois dire qu'une tasse de 180 ml de thé contient quelque 34 mg de théine. Rappelons que le *Guide alimentaire canadien* indique qu'un individu peut consommer jusqu'à 450 mg de caféine par jour sans problème, ce qui voudrait dire que l'on pourrait s'offrir une bonne douzaine de tasses de thé par jour sans courir aucun risque sur le plan de la santé. Tout au contraire, cela nous permettrait plutôt de bénéficier au maximum de ses vertus salutaires.

Les amateurs de thé qui doivent surveiller de plus près leur consommation de caféine pour une raison ou pour une autre ne doivent pas oublier qu'ils peuvent, pour ce faire, diminuer leur consommation de café, certes, mais aussi de chocolat et de boissons gazeuses qui contiennent de bonnes parts de caféine. Il existe aussi des thés, tout comme des cafés et même des boissons gazeuses, qui sont décaféinés. Seulement, en ce qui concerne les thés en tout cas, ils sont rarement de bonne qualité. Certains disent en outre que les thés verts contiendraient moins de théine que les autres types de thé, mais cela dépendrait de la variété.

Comme je le mentionnais plus tôt, il est également possible de modifier l'infusion pour obtenir un thé qui correspond à nos besoins. Pour ce faire, on peut infuser une première fois le thé dans une quantité d'eau deux fois plus grande qu'à l'habitude. Cette infusion doit être de très courte durée: quelque chose comme une trentaine de secondes. Après ce court laps de temps, on jette simplement l'eau, qui aura pris une bonne part de la théine, et on recommence une seconde infusion que l'on pourra cette fois boire sans se soucier de tremblements ou d'autres symptômes désagréables.

Quoiqu'il soit stimulant, le thé n'agirait toutefois pas de manière aussi excitante que le café. L'effet qu'il engendre favorise la concentration et les efforts intellectuels soutenus.

LE SUPPLÉMENT DE THÉ VERT

Si vous souhaitez tirer profit des bienfaits protecteurs et préventifs du thé, notamment du thé vert, sans toutefois ressentir les effets désagréables que peut occasionner chez vous la caféine, sachez qu'il est possible de se tourner vers des suppléments de thé vert. Ces suppléments se présentent souvent en capsules de 500 mg et équivalent à cinq tasses de thé. Afin de s'assurer de meilleurs résultats, il est recommandé de rechercher des suppléments à base de glycérine végétale pure ou d'extrait de thé pur réfrigéré.

Il existe aussi certaines utilisations du thé en «beauté-santé». Voici quelques recettes, faciles à préparer.

LES UTILISATIONS «BEAUTÉ»

Le masque au thé vert
250 ml (1 tasse) de mayonnaise (fraîchement faite ou du commerce)
5 ml (1 c. à thé) bien tassée de Matcha

Mélanger ensemble les ingrédients.

Appliquer uniformément sur tout le visage en évitant le contour des yeux.

Laisser reposer une vingtaine de minutes.

Retirer doucement le masque. Rincer le visage complètement avec de l'eau tiède une vingtaine de fois.

Éponger doucement avec une serviette douce.

Si vous faites le masque durant la journée, appliquer une crème hydratante légère après avoir rincé le visage et l'avoir asséché. Si toutefois vous le faites le soir, avant d'aller au lit, nul besoin d'ajouter une crème. Les huiles naturelles qui vont ressortir durant la nuit seront suffisantes pour hydrater votre peau et lui assurer toute la souplesse voulue.

Les sachets de bain au thé vert
250 ml (1 tasse) de feuilles de thé vert
250 ml (1 tasse) de calendula (offert dans les magasins d'alimentation naturelle)
De 4 à 6 gouttes d'huile de rose (facultatif)

Mélanger tous les ingrédients et remplir les sachets faits de gaze de coton. Fermer les sachets à l'aide de ficelle ou de ruban.

Passer le sachet sous le robinet du bain tout en le pressant doucement pour laisser les parfums s'échapper. Vous pouvez cesser lorsque le bain est à moitié rempli.

Frotter doucement le sachet de thé sur votre peau en accordant une attention particulière aux endroits plus rudes, comme les genoux et les coudes.

Laisser ensuite le sachet flotter sur l'eau afin qu'il la nourrisse de ses facteurs adoucissants dont votre peau bénéficiera à son tour.

Les sels de bain au Matcha

500 ml (2 tasses) de sel d'Epsom
2 ml (1/4 c. à thé) de glycérine
15 gouttes d'huile essentielle de pin ou d'eucalyptus
1 ml (1/8 c. à thé) de Matcha

Mélanger tous les ingrédients et laisser sécher à l'air durant quelques heures. Pour conserver, placer ensuite les sels de bain dans un contenant hermétique.

Lorsque vous en avez envie, mettez 125 ml (1/2 tasse) de sels dans le bain pendant que ce dernier se remplit.

DIX BONNES RAISONS DE BOIRE DU THÉ

1. Le thé diminue les risques de développer un cancer.

2. Le thé diminue les risques de développer une maladie cardiaque.

3. Le thé participe à la santé dentaire et au maintien de la densité des os.

4. Le thé aide à se prémunir contre la grippe et d'autres infections virales.

5. Le thé aide à prévenir l'infection.

6. Le thé fortifie les cheveux et protège contre la calvitie.

7. Le thé réduit le taux de cholestérol.

8. Le thé est un diurétique naturel.

9. Le thé est rafraîchissant et relaxant.

10. Le thé favorise la concentration; il stimule la pensée.

CHAPITRE 6
L'ESPRIT DU THÉ

*La cérémonie du thé demande des années d'entraîne-
ment et de pratique avant de pouvoir être élevée au
rang de l'art. Cependant, cet art n'est rien de plus que
de faire et de servir une tasse de thé. Mais le plus
important, c'est que cela soit fait le plus parfaitement
possible, le plus poliment possible, avec le plus de
grâce et de charme qu'on puisse mettre.*

Lafcadio Hearn (1850-1904)

*L*e thé est un prétexte à un retour à soi et à
l'essentiel. Lorsqu'on en est rendu là, on ne
fait plus que boire le thé, que prendre le thé,
on «pratique le thé». Le thé devient le symbole du
moment présent auquel on cherche à se rattacher le
plus fidèlement et le plus complètement possible. Il

est un outil dans la recherche de l'harmonie, dans la quête de l'ici et du maintenant. Il favorise l'épanouissement de l'humilité.

Nous nageons maintenant en plein domaine des maîtres de thé, ceux-là même qui nous apprennent l'esprit du thé, la voie du thé. Au Japon, des écoles du thé enseignent ce cheminement spirituel depuis le XVIIe siècle. Depuis, les frontières, à cet égard comme à bien d'autres, sont tombées et on trouve de pareilles écoles et des maîtres de thé un peu partout sur la planète. Ils sont encore peu nombreux, cependant. Il est à noter que, comme c'est le cas dans bien d'autres domaines, il n'est pas nécessaire de passer par une telle école pour pouvoir devenir maître de thé.

Quoi qu'il en soit, les enseignements que ces maîtres prodiguent prennent la forme de symboles, de gestes symboliques, de paraboles, souvent; parfois, de paroles. Ultimement, c'est ni plus ni moins qu'une forme de sagesse qui est envisagée. L'absolue quête consiste en fait à devenir autant que faire se peut un être vivant dans l'être plutôt que dans l'avoir. Un être étant soi, bien à l'abri de la recherche de la reconnaissance, mais tout ouvert au travail sur soi. La libération ainsi gagnée ne l'est jamais vraiment; elle requiert un effort constant et évolutif.

Le maître de thé s'intéresse à son disciple, à son expérience et tient à partager avec lui. Il se place au même niveau que lui et ce niveau est celui de l'esprit, «objet» fondamental entre tous, celui par lequel la vie, la vraie vie, devrait toujours, seulement et surtout, se frayer un chemin à travers l'anodin et l'anecdotique.

Le maître de thé invite par ailleurs au contact de l'esprit, avec et par lui, à cultiver l'espoir, le partage, le respect, la sincérité, le courage. Le maître de thé est un être libre, dans le plus noble sens, et il invite son disciple à le rejoindre sur ce chemin le moins fréquenté... Seulement, pour employer une expression populaire, le maître de thé ne donne rien tout cuit dans le bec. Le disciple doit chercher sa propre vérité, sa réponse, sa voie, son chemin. C'est la seule et unique façon d'avancer sur la voie du thé, sur le chemin de la vie.

Une autre façon d'avancer sur ce chemin consiste à fabriquer soi-même ses propres objets nécessaires à la pratique du thé. Certains maîtres de thé le faisaient, certains le font encore, d'autres non. À la base de cette pratique se trouve une coutume japonaise qui voulait que le maître de thé taille lui-même sa propre cuillère de bambou dont il allait se servir pour faire le thé.

Le thé est assimilé à la méditation, à la concentration, voire à la prière. Il a une valeur sacrée qui rend tout aussi sacré le moment qu'on lui consacre, qu'on se consacre à soi et que l'on consacre à ceux qui nous accompagnent dans ce moment béni, privilégié. Boire le thé devient un rite qui mérite qu'on y mette toute son âme pour s'y consacrer. Il nécessite une démarche respectueuse, et c'est sans doute pourquoi on l'intègre à un cérémonial.

La manière de faire le thé influe sur le goût qu'il aura; voilà une des raisons expliquant l'importance devant être apportée aux gestes. En outre, il faut comprendre que pour qu'il atteigne toute sa portée, le thé se doit de dépasser seulement le niveau du goût. En d'autres termes, on ne fait pas un thé simplement pour le goûter. On doit le faire pour profiter au maximum de tout ce qu'il offre, y compris de son esprit. Le thé ouvre la conscience, pour autant que l'on soit prêt à la laisser s'ouvrir. Tout le cérémonial du thé est aussi affaire de respiration, voire de libération, d'ouverture à la sensibilité dans le sens de devenir conscient, ultra-conscient de tout ce qui nous entoure; dans le sens d'ouvrir tous ses sens à pleine capacité. Le fait de s'accorder du temps dans l'ici et maintenant entraîne du coup un regard instinctif vers l'intérieur, à la recherche du calme et du souffle dans sa plus simple expression.

La cérémonie du thé est aussi l'occasion de recevoir, d'accueillir, dans ce que ces mots ont de plus noble, de plus grand. Elle est une occasion de partage et de recherche d'équilibre. La puissance du thé permet de faire le vide pour mieux se remplir de l'essentiel. Elle exige qu'on se rende disponible, présent devant tous les possibles. Disponible devant les messages que tentera de nous envoyer le thé, les révélations qu'il ne demande qu'à exprimer; disponible aussi à s'émerveiller de toutes petites subtilités; disponible enfin au respect.

L'expérience du thé, c'est l'expérience ultime du goût: goûter plus loin, plus profond, plus en avant; goûter de tout son corps, de toute son âme, avec ses émotions et ses souvenirs. Goûter en silence, à l'abri de mots qui ne savent pas toujours bien dire, pour ne rien perdre, pour éviter la distorsion, pour ne pas rompre un moment exquis, pour écouter le thé. Vivre l'expérience du thé, c'est accepter le silence dans toute sa splendeur, celui qui ne fait pas peur, qui ne fait pas mal, qu'il ne faut pas à tout prix remplir; celui, au contraire, qui est plein et qui remplit aussi.

Le chemin du thé, c'est le chemin du «pensé»; c'est une route qui peut mener bien loin, partout, ici ou ailleurs. C'est aussi une voie vers l'autre; une voie de partage, d'échanges; un point de départ vers des relations à construire. Le thé est un outil, un instrument pour grandir, s'épanouir, se bâtir et bâtir ce qui nous entoure. Plus que cela, le thé est un révélateur; il nous révèle à soi et aux autres. Il ouvre.

Le fait de vivre le thé enseigne l'importance de tout geste. Partant de cet enseignement, le menu fretin de tout quotidien prend une ampleur considérable. Rien n'est plus bénin, sans sens; tout, au contraire, porte un sens et mérite qu'on y accorde attention. Le temps finit bientôt par prendre ainsi une tout autre signification; il s'imprègne d'une profondeur inouïe, doublée d'une sorte de légèreté de tous les instants. Le thé mène à l'essentiel; voilà sans doute en un mot ce qu'est l'esprit du thé; voilà où se trouve mené l'homme de thé: à l'essentiel.

LA CÉRÉMONIE DE THÉ JAPONAISE

Élaborée sous l'influence du bouddhisme, la cérémonie du thé cherche l'élévation de l'âme afin que celle-ci ne fasse plus qu'un avec la nature. Le véritable esprit de la cérémonie se veut calmant, rustique, apaisant. Il est vrai que la cérémonie du thé peut sembler être une activité très stricte où la méticulosité semble bien peu apaisante. Il faut savoir que ces gestes sont justement faits de manière prudente et calculée afin d'atteindre la plus grande économie de mouvements possible, et de manière à profiter sans se presser du temps présent.

Voir un maître de thé expérimenté à l'œuvre est un spectacle véritablement réjouissant même s'il peut mettre sans mal deux heures à se préparer une tasse de thé. Tous ces gestes, tout ce temps, provoquent chez l'invité des états auxquels il se met à l'écoute, une conscience affûtée, un questionnement. La cérémonie du thé ne «mène nulle part»; elle est le but, le prétexte à la vie, un calque de la vie en ce qu'elle est toujours différente. La cérémonie du thé est une des expressions de la voie du thé.

Mais avant de devenir cette cérémonie empreinte de sens et de spiritualité, la cérémonie du thé a d'abord été un jeu pratiqué entre amis. Le jeu consistait à faire boire du thé de différentes régions aux participants qui devaient chercher à reconnaitre l'origine des thés. Mais plus exactement, c'était le Matcha que l'on buvait ainsi; et le jeu portait un nom tout près: le tocha. Ce jeu revêtait une telle popularité qu'on lui attribue même le développement accéléré des plantations de thé japonaises au XIVe siècle.

Le jeu se transforma lentement en des rencontres plus sérieuses au centre desquelles le point culminant demeurait le thé. Il s'agissait désormais de se recueillir en buvant du thé et en appréciant des œuvres d'art. À cette époque, c'était surtout les membres du clergé et les gens de la classe supérieure qui buvaient le thé et qui se trouvaient dans ces soirées. Et au sommet de cette classe supérieure, se trouvaient nuls autres que les samouraïs, qui avaient l'habitude de vivre selon quantité de principes et de formalités. Ce sont eux qui transformèrent à nouveau ces réunions en véritables cérémonies aux règles beaucoup plus strictes. Il était alors question du chanoyu.

De prime abord, il est important de noter qu'il existe de nombreuses écoles qui enseignent la cérémonie du thé et que chacune d'entre elles a ses particularités et ses différences. Ceci étant dit, il demeure un fait indéniable et propre à toutes les méthodes, c'est que la cérémonie de thé japonaise, paradoxalement, est en fait bel et bien d'origine chinoise. Si les Chinois l'ont abandonnée depuis belle lurette, elle survit effectivement au Japon. Là, la cérémonie du thé, le chanoyu, est considérée ni plus ni moins comme un art qui permet à l'âme de s'élever, d'atteindre en tout cas ce qu'ils nomment «l'éclaircissement».

La cérémonie du thé est donc un outil important, un outil intégré à une plus vaste démarche nommée théisme, ou le chemin du thé. La cérémonie du thé est un moment rempli de profondeur où l'esthétisme et l'aspect spirituel tiennent un rôle prépondérant, où l'intériorité et l'authenticité sont invités à s'exprimer. Les quatre principes fondamentaux à la base de la cérémonie du thé sont en fait les suivants: l'harmonie, le respect, la pureté et la sérénité.

Cet événement pour lequel il faut retourner très loin dans le temps afin de retrouver ses origines est considéré par plusieurs comme étant carrément un rite religieux. Pour d'autres, il ne s'agit que d'un moyen, que d'un moment propice à profiter de l'ici et maintenant. Il nous oblige, parce que nous sommes concentrés sur des gestes simples, à rester présents.

La méthode que je décrirai ici provient de la dynastie Song, de Chine, qui régna entre le xe et le xiiie siècle. Voici maintenant comment se déroule, généralement, une cérémonie du thé.

Le déroulement

D'abord, bien évidemment, pour qu'il y ait cérémonie, il doit y avoir hôte ou hôtesse et quelques invités, deux ou trois personnes au maximum. Au Japon, les gens riches ont souvent une maison de thé, construite à l'écart de la maison principale expressément pour les cérémonies du thé. Autrement, un alcôve, un petit salon ou n'importe quel petit coin en retrait de l'agitation peut faire l'affaire. Habituellement, la pièce consacrée au chanoyu fait trois mètres carrés.

Les invités doivent attendre en retrait de l'endroit où aura lieu la cérémonie. L'hôte viendra les chercher le moment venu. Au Japon toujours, dans la plus fine tradition, les invités auront à traverser un magnifique jardin avant d'atteindre la maison de thé, qui se trouve habituellement surélevée. De plus, la maison de thé classique a toujours une porte de moins de un mètre afin d'obliger ceux qui y entrent à se pencher. Cela a pour but de mettre tout le monde au même niveau; ainsi, personne n'est considéré comme plus important qu'un autre. À l'intérieur de la maison, il y a habituellement des paravents ainsi que des fleurs bien arrangées.

Dès leur arrivée, les invités ont d'abord droit à un petit repas, ordinairement à base de pâtisseries. Puis, l'hôte ou l'hôtesse arrive avec la vaisselle et tout le nécessaire dont il aura besoin pour préparer le thé, ce qu'il commence aussitôt à faire. D'abord, il mettra l'eau à bouillir, puis verra à chauffer un bol et un fouet qui servira à fouetter l'eau et le thé en poudre. Le mélange d'eau et de thé doit atteindre une consistance relativement épaisse. Le thé ainsi constitué a un goût plutôt amer que plusieurs trouvent fort peu intéressant. Les invités le boiront tout de même, après quoi l'hôte ou l'hôtesse verra au nettoyage des ustensiles ayant servi à la cérémonie.

Tous les gestes de l'hôte sont suivis de très près par les invités. En fait, cela tient beaucoup au fait que la cérémonie du thé doit aussi être l'occasion d'apprécier l'art chinois à travers les œuvres peintes sur la vaisselle et les ustensiles, et ce, dans une atmosphère sereine. Une pareille cérémonie peut durer dans certains cas jusqu'à quatre heures.

LES VÊTEMENTS
Les vêtements habituellement portés au cours des cérémonies «officielles» sont de couleurs plutôt discrètes. Si la cérémonie est très solennelle, les hommes comme les femmes sont en kimono uni et

portent les chaussettes blanches japonaises traditionnelles, les *tabi*.

LE MATCHA

Le Matcha est le thé que l'on utilise lors du chanoyu.
Il est fait à partir des plus fines feuilles de thé japonaises qui sont séchées avant d'être réduites en une
brillante et soyeuse poudre. L'infusion réalisées avec
la poudre a une consistance plutôt épaisse. Chaque
invité verra déposer devant lui un bol de cette douce
infusion qu'il boira à deux mains.

LA «CÉRÉMONIE» CHINOISE: LE GONG FU

Le Gong Fu que pratiquent les Chinois n'a rien de
comparable à la cérémonie du thé japonaise. Cette
technique spéciale d'infusion du thé ne propose rien
de spirituel ni de religieux. Elle demande seulement
de servir le thé d'une façon très soignée qui cherche
à tirer le maximum de l'odeur et du goût du thé. Il
s'agit donc davantage d'une expérience olfactive et
gustative qu'autre chose. Cette cérémonie est d'ins-
piration taoïste, et le terme «Gong Fu», vous l'aurez
deviné, a la même origine que le Kung Fu des arts
martiaux. «Gong Fu» signifie la maîtrise du temps et
du geste dans la préparation du thé.

Cette méthode utilisée uniquement avec des
thés verts ou oolongs exige notamment de petits bols
et une petite théière de type Gong Fu. Celle-ci a la
particularité, parce qu'elle est aussi faite de cette

fameuse argile poreuse originaire de Yixing, de conserver les traces des infusions précédentes. Or c'est précisément en cela que réside tout l'art du Gung Fu. D'autres théières d'argile pourraient tout aussi bien convenir, pour autant qu'elles soient petites et non émaillées.

Le Gong Fu consiste en une succession de brèves infusions. Pour préparer une infusion à la manière Gong Fu, on remplit d'abord la théière à moitié de feuilles de thé oolong la plupart du temps, et parfois de thé vert. On ajoute ensuite l'eau bouillante et on la retire immédiatement de manière à seulement humecter, voire rincer les feuilles. Dans un deuxième temps, on remplit à nouveau la théière d'eau bouillante, mais cette fois-ci, on la laisse au contact des feuilles pour une minute. Au lieu de compter en secondes, les Chinois préfèrent le faire en souffles. Cette infusion qui est considérée comme étant la première devrait ainsi durer le temps de deux respirations lentes, profondes et complètes.

La technique utilise parfois deux bols par personne: un qui servira à recevoir le thé que l'on sentira seulement et l'autre qui contiendra celui que l'on boira. L'odeur dégagée par cette première infusion est d'ailleurs la plus forte. La deuxième infusion aura une odeur moins développée au profit d'un goût cette fois plus accentué. Cette deuxième infusion aura duré un peu plus longtemps que la première, et il en sera ainsi pour les subséquentes. Évidemment, la qualité du thé employé joue énormément sur la durée que peut avoir la «cérémonie». Un thé de piètre qualité risque de se retrouver rapidement vidé de toute saveur et de toute odeur. Celui de meilleure qualité peut, quant à lui, se révéler plus longuement. Le nombre d'infusions possible est donc très variable.

Pour ce rituel plus que pour n'importe quel autre moment, il est impératif de ne pas laver la théière avec du savon. Ainsi, après des années à faire le même thé dans cette même théière, il vient un moment où il est possible de ne mettre que de l'eau dans la théière pour savourer ensuite une bonne tasse de thé.

La préparation étape par étape

Voici de façon plus détaillée la manière de préparer le thé Gong Fu. Si jamais l'envie vous prenait de vous essayer, vous connaîtriez toutes les voies par lesquelles il vous faudrait passer.

- Il faut d'abord apprécier la qualité du thé extrait de la boîte à thé avec la cuillère à thé.

- Verser un peu d'eau bouillante provenant de la bouilloire pour rincer et chauffer la théière, puis vider son contenu dans le pot à thé.

- Mettre la quantité de thé nécessaire dans la théière, verser ensuite l'eau bouillante et mettre rapidement le couvercle.

- Vider immédiatement dans le pot à thé avant que le thé infuse, ceci pour rincer et hydrater les feuilles. Verser le contenu du pot à thé dans le «bateau à thé» afin de réchauffer la théière et les tasses.

- Il faut maintenant agir très rapidement, en près de 10 secondes, pour réussir l'infusion. Verser l'eau bouillante jusqu'à ce qu'elle déborde afin de chasser l'écume, puis recouvrir. Arroser la théière pour la réchauffer. Laisser infuser le temps nécessaire, de quelques secondes à trente secondes selon le type de thé.

- Verser l'infusion dans le pot à thé en laissant le contenu de la théière s'égoutter afin que les feuilles ne marinent pas dans un fond d'eau qui deviendrait rapidement amer. Profitez-en pour vider le bateau à thé dans la poubelle de table.

- Verser maintenant l'infusion contenue dans le pot à thé, dans la tasse à sentir et apprécier les premiers parfums; transvider cette tasse dans la tasse à boire.

- Humer profondément et longuement les parfums qui se dégagent de façon successive dans la tasse à sentir vide. Enfin, déguster l'infusion à petites gorgées dans la tasse à boire. On peut retourner, entre chaque gorgée, humer les parfums qui évoluent, tandis que la tasse à sentir refroidit. Selon le même procédé, on pourra répéter plusieurs fois l'infusion sur les mêmes feuilles avant de vider la théière.

- Examiner avec attention, comme il a été fait sur les feuilles sèches, les feuilles infusées, afin d'évaluer toutes leurs qualités.

La préparation du thé en zhong
Il s'agit d'un autre «cérémonial» chinois. Celui-ci est recommandé pour les thés verts les plus fragiles ainsi que pour les thés blancs. La préparation telle qu'elle est décrite ici est celle que l'on rencontre le plus couramment en Chine; c'est la plus commune. Notez enfin que le zhong est un élément du vaisselier chinois qui sert à préparer et à boire le thé; il est du reste muni d'un couvercle.

- Prélever d'abord deux grammes de thé dans la boîte à thé avec la cuillère à thé; mettre ensuite le thé dans le zhong et verser de l'eau froide de manière à ne pas brûler les feuilles.

- Verser ensuite l'eau bouillante provenant de la bouilloire et vider immédiatement dans la poubelle de table avant que le thé infuse; ceci permettra de rincer et d'hydrater les feuilles.

• C'est maintenant le moment de sentir le parfum directement dans le zhong et sur le couvercle, qui retient parfaitement les parfums.

• Préparer maintenant l'infusion qui sera bue; remettre la même quantité d'eau froide que précédemment, puis l'eau chaude. Laisser infuser la durée nécessaire selon le type de thé, de 30 secondes à quelques minutes pour les thé verts. Vérifier la qualité de l'infusion en remuant le thé avec le couvercle du zhong. Boire directement dans le zhong en utilisant le couvercle comme filtre ou verser le thé, en filtrant de la même manière, dans le pot à thé qui servira à répartir l'infusion dans les tasses des invités.

CHAPITRE 7

LIRE L'AVENIR DANS LE THÉ

Cette pratique n'est pas née d'hier; au contraire! on lit le thé depuis des millénaires. On s'y aventure aujourd'hui du côté de l'Occident, mais la lecture du thé a longtemps appartenu à l'Extrême-Orient. Encore de nos jours, les Japonais ne quittent pas une cérémonie du thé sans avoir jeté un œil au fond de leur tasse...

Les principales qualités requises pour arriver à lire l'avenir dans le thé sont surtout la patience, une bonne mémoire et... une imagination fertile.

COMMENT FAIRE

- Il faut d'abord avoir en main une tasse qui ait la forme parfaite, c'est-à-dire qu'elle devrait être plus large vers le haut que vers le bas. Préférablement, elle devrait aussi être blanche.

- Le thé utilisé devrait quant à lui être noir; on peut aussi se servir d'un thé chinois de bonne qualité. Un thé médiocre ne saura donner que de vagues signaux.

- L'infusion devrait être réalisée avec des feuilles de thé et ces dernières doivent pouvoir flotter librement dans l'eau. Il ne faut pas utiliser quelque tamis, passe-thé ou boule que ce soit.

- Après avoir versé le thé dans la tasse, il faut tourner la tasse trois fois dans le sens contraire aux aiguilles d'une montre.

- Ensuite, c'est le moment de verser le thé hors de la tasse, dans un autre contenant, en prenant bien soin de retourner la tasse complètement à l'envers. En redressant la tasse, des feuilles devraient avoir épousé son pourtour tout en dessinant de multiples figures.

- C'est le moment d'interpréter ce que vous voyez. Il est possible de trouver autant de sens au motif dans son ensemble qu'à tous les petits détails qui s'offrent à nos yeux. Il faut accorder une importance toute particulière aux signes qui sont plus évidents, plus clairs; ceux qui le sont moins sont aussi moins importants.

- La position des signes par rapport à l'anse de la tasse détermine le facteur temps. Ainsi, un signe qui se situe à la gauche de l'anse se rapporte à ce qui s'est déjà produit. Un signe à la droite de l'anse suggère plutôt le présent et l'avenir. La distance des signes par rapport au fond de la tasse est un autre indicateur de temps. Ainsi, un signe qui se situerait tout au fond de la tasse indiquerait un futur très lointain ou une époque lointaine.

- La grosseur des signes indique surtout l'importance qu'ils ont pour l'individu en question.

- Il n'est pas recommandé de lire trop souvent son avenir dans les feuilles de thé; au plus, une fois par semaine. Autrement, des signes contradictoires risqueraient d'apparaître.

LES SYMBOLES

Les symboles de bon augure
- L'aigle
- Le cygne
- Le fer à cheval
- Le balai
- L'éléphant
- Les œufs
- Les fruits
- La plupart des oiseaux (spécialement les oiseaux migrateurs)

Les symboles de mauvais augure
- Le dragon
- Le hibou
- Le miroir
- Le rat

Les autres symboles
- Un chien qui saute signifie que la personne rencontrera bientôt un ancien bon ami. Si on trouve cependant ce signe au fond de la tasse, il signifie alors qu'un bon ami est dans le pétrin.

- Un lion présage que l'on vous offrira un poste important, possiblement au gouvernement. Il pourrait s'agir d'une forme de récompense. Un labyrinthe qui viendrait se positionner aux côtés du lion appuierait d'autant plus le présage.

- Voir un loup est un avertissement qu'il y a des gens envieux autour de vous.

- Un vautour près du fond de la tasse est un signe qu'un ennemi crucl cherche à vous nuire, à vous faire du tort.

- Les fleurs représentent l'amour.

- Une poire ou une pomme prédisent que vous ferez bientôt ou venez de faire une bonne économie.

- Voir un avion est un signe de promotion.

- Une ancre est garante de succès. Elle peut signifier, comme le fait aussi la clé, plus spécifiquement du succès sur le plan du travail et des affaires.

- La croix prédit une période trouble régie par l'adversité.

- Un visage est symbole de changement.

- Un parapluie est un gage de protection.

- Si vous voyez un anneau, vous pouvez prévoir un mariage.

- Un bateau est synonyme de voyage.

- Une étoile présage un avenir heureux, brillant.

- Un triangle prévoit un héritage. Il peut aussi annoncer une journée tout à fait imprévue.

- Des ailes sont porteuses de messages.

- Des cercles sont synonymes d'argent.

- Une couronne signifie l'honneur.

- Le cœur signifie le plaisir. Deux cœurs ensemble ou un accolé à un anneau sont plutôt des présages de mariage.

- Le soleil est un signe que la chance est avec vous.

CHAPITRE 8
DES RECETTES

*L*e thé est une boisson fort intéressante pour de multiples raisons: sa simplicité, sa poésie, ses goûts sans cesse renouvelés, ses arômes, son coût modique... Servi nature dans un petit bol, il porte déjà en lui plein de promesses, de vertus autant que d'histoire. Il n'est donc pas étonnant de l'utiliser de plus en plus à d'autres fins. Ainsi, la tasse de thé s'enrichit d'autres ingrédients qui viennent ouvrir de nouvelles avenues de saveurs, d'arômes et de plaisir.

On se sert également de plus en plus du thé en cuisine, que ce soit pour concocter des sauces, pour ajouter une note toute particulière à une marinade ou même pour développer de nouvelles pâtisseries. Le thé est aussi fort prisé dans le domaine des soins de beauté: on le retrouve dans des savons, dans des masques ou des lotions.

LE THÉ EN ACCOMPAGNEMENT

Tout comme c'est le cas pour les vins, on n'accompagne pas n'importe quel repas avec n'importe quel thé. Certains se marieront davantage avec le mets, le mettront en valeur, et vice versa. De plus, les caractéristiques propres à chaque thé recommandent de les boire à des moments bien précis de la journée. Ainsi, les plus forts thés noirs devraient être servis le matin, alors que les verts plus légers conviennent davantage pour la soirée. En après-midi, le moment est tout choisi pour se laisser gagner par les subtilités des Darjeeling, par exemple, ou de grands crus de tout acabit. Évidemment, ceci étant dit, tout est matière de goût et chacun est libre d'exprimer les siens. Si cependant vous avez du mal à choisir, vous pouvez vous tourner vers les mélanges tout faits et qui indiquent clairement pour quel moment de la journée ils ont été prévus (comme le Breakfeast Tea, par exemple).

Les accords mets-thé

CUISINE JAPONAISE (sukiyaki, par exemple): le Hojicha se marie bien avec la cuisine japonaise et la sauce soya.

METS ÉPICÉS: on devrait privilégier un thé vert parfumé au lotus pour accompagner ce type de plat ou encore un thé noir fumé.

METS PARFUMÉS: ces plats s'accommodent parfaitement d'un thé tout aussi parfumé, le thé au jasmin, par exemple.

VOLAILLE: un plat de volaille devrait se servir avec un Lapsang Souchong.

POISSON: accompagner un poisson d'un Hojicha est un pur ravissement.

SUSHI: un Sencha japonais sait très bien accompagner le sushi.

DES RECETTES... À BOIRE!

Un bon thé glacé

La mode nous ayant fait redécouvrir le thé glacé plus que jamais ces dernières années, nombreux sont ceux qui comptent maintenant parmi leurs boissons favorites cette infusion on ne peut plus désaltérante. L'été, en plein soleil, les jours de grandes chaleurs, le thé glacé n'a pas son pareil pour étancher la soif et prévenir la déshydratation. D'ailleurs, c'est lors de l'exposition universelle de Saint Louis, en 1904, alors que régnait une chaleur sans nom, que le thé glacé fut inventé. Richard Blechynden, un Britannique, tentait vainement de faire la promotion du thé; avec la chaleur qui régnait, il avait bien du mal à recruter la clientèle. L'idée lui vint d'ajouter des glaçons à ses infusions en démonstration: il venait d'inventer le thé glacé. La réaction fut instantanée.

Si le commerce nous offre désormais une pano-
plie de thés glacés, il faut savoir qu'il n'est cependant
ni plus difficile ni plus long à préparer qu'une infusion de thé ordinaire. Aussi, soulignons-le, il revient
bien meilleur marché de le concocter à la maison que
de l'acheter tout fait, comme c'est bien sûr le cas
pour la presque totalité des aliments transformés.

Pour un pot pouvant contenir un litre de liquide,
on aura besoin de 6 sachets de thé et de 335 ml
(1 1/4 tasse) d'eau. En effet, le thé glacé demande
d'utiliser le double du thé qu'à l'habitude étant
donné qu'on y ajoutera des glaçons. Comme pour un
thé ordinaire, on verse l'eau qui a été portée à ébullition sur les sachets de thé. On laisse infuser un bon
cinq minutes avant de retirer les sachets. Puis, on
finit de remplir le pot avec de l'eau très froide. On
peut enfin choisir de sucrer et d'aromatiser le thé
directement dans la théière ou de laisser plutôt le
soin à chacun de se le préparer à son goût. Quoi de
plus beau et de plus invitant qu'un pot de verre
transparent rempli de thé glacé, de glaçons qui clin-
quent et de belles tranches de citron!

Une autre solution, tout aussi efficace que la première, consiste à laisser le thé infuser au réfrigérateur,
dans de l'eau froide, pendant une douzaine d'heures.

Pour de meilleurs résultats, il est conseillé d'utiliser un thé qui ne soit pas trop délicat car le froid
réduit la saveur du thé. C'est le thé noir de Ceylan qui

est le plus souvent utilisé pour faire le thé glacé. Ceci étant dit, le thé vert peut aussi donner des résultats fort intéressants; certains aiment utiliser le Gyokuro japonais pour sa belle couleur verte puissante.

Des glaçons au thé

Plutôt que de jeter vos restes de thé, qu'il soit vert, noir ou à la menthe, videz-les plutôt dans vos cabarets à glaçons et servez-vous-en pour rafraîchir votre thé glacé sans pour autant en diluer le goût. Certains les ajoutent aussi à des jus de fruits.

Le thé à la menthe

750 ml (3 tasses) d'eau bouillante
5 ml (1 c. à thé) de thé vert chinois
85 ml (1/4 tasse) de sucre
1 poignée de menthe fraîche

Mettre le thé dans une théière (de préférence une vraie petite théière marocaine).

Rincer le thé avec une petite quantité d'eau bouillante (85 ml) pendant environ 30 secondes, puis jeter l'eau. Ajouter ensuite le reste de l'eau bouillante et le sucre.

Mettre sur feu doux jusqu'à ce que les feuilles de thé soient bien déroulées. Elles monteront alors sur le dessus et formeront une couche qui recouvrira complètement la surface de l'eau. L'eau ne doit pas venir à ébullition. Éteindre le feu et ajouter la menthe. Avec une cuillère, enfoncer la menthe sans brasser.

Pour verser le thé, tenir la théière bien haute au-dessus du verre (environ 30 centimètres ou 12 pouces). Remettre le contenu de ce verre dans la théière et répéter cette étape à quelques reprises (4 ou 5 fois). Ce stratagème permet au thé de bien se mélanger, mais aussi de l'aérer. De cette manière, il saura mieux dégager toutes ses saveurs. Pour enfin servir les verres, on le fait toujours en tenant la théière à bonne distance au-dessus de ceux-ci.

Le thé siamois

Le thé siamois est réalisé à partir d'un thé thaïlandais plutôt rare et difficile à trouver. Cependant, les épiceries orientales en tiennent la plupart du temps. Il s'agit d'un thé rouge qui a la particularité de donner une teinte orangée.

Le Masala tchai

«Tchai» est le mot chinois pour thé. Le Masala tchai est un thé aux épices originaire de l'Inde. Voici une des multiples façons de confectionner un Masala tchai. Cette recette donne deux généreuses tasses.

> 570 ml (2 1/4 tasses) d'eau
> De 6 à 8 gousses de cardamome
> 5 ou 6 grains de poivre
> 1 ou 2 tranches de racine de gingembre fraîche
> 1 morceau de cannelle d'environ 3 cm (3/5 po)

1 ou 2 clous de girofle
175 ml (3/4 tasse) de lait
20 ml (4 c. à thé) de sucre
De 30 à 45 ml (de 2 à 3 c. à soupe) de thé noir

Mettre l'eau et les épices dans un pot et porter à ébullition. Réduire la chaleur et laisser frémir de 5 à 10 minutes. Ajouter ensuite le lait et le sucre avant de ramener l'eau presque au point d'ébullition. Ajouter enfin le thé avant de retirer le pot du feu.

Laisser infuser environ 3 minutes. Utiliser une passoire pour verser la boisson dans les tasses. Servir immédiatement.

Le Matcha traditionnel
Afin d'éviter que la poudre et l'eau se séparent, il faut boire le Matcha rapidement, à petites gorgées. Voici comment faire:

15 ml (1 c. soupe) de Matcha (Gyokuro japonais réduit en poudre)
150 ml (2/3 de tasse) de tasse d'eau de source amenée au point d'ébullition

Chauffer deux bols à thé en y versant de l'eau chaude. Retirer l'eau lorsque les bols sont chauds et essuyez-les bien.

Dans un bol séparé, combiner le Matcha et l'eau chauffée et fouetter le tout jusqu'à l'obtention d'une sorte d'écume. Verser dans les bols et boire immédiatement. On peut accompagner le tout de chocolat ou de biscuits sucrés.

En raison de son vert jade fabuleux, on utilise aussi le Matcha en cuisine pour colorer les sauces et les sorbets, notamment.

DES RECETTES... À MANGER!

Voici quelques recettes qui utilisent le thé, phénomène de plus en plus répandu.

La salade de poulet chinoise au thé vert
Il s'agit d'une variante d'une salade de poulet chinoise classique.

45 ml (3 c. à soupe) d'huile de sésame
4 poitrines de poulet désossées
45 ml (3 c. à soupe) de feuilles de thé vert chinois fraîches
125 ml (1/2 tasse) d'eau de source fraîche ou de vinaigre de riz
2 ml (1/4 c. à thé) de sauce soya
2 ml (1/4 c. à thé) de sucre
185 ml (3/4 tasse) d'huile d'olive
125 ml (1/2 tasse) d'éclats d'amandes grillés
1 boîte de châtaignes d'eau, égouttées
1 laitue iceberg coupée en lanières

Chauffer 30 ml (2 c. à soupe) d'huile de sésame dans une large poêle à frire, à chaleur moyenne. Y sauter les poitrines de poulet jusqu'à ce qu'elles soient cuites, à peu près 5 minutes de chaque côté. Réserver et laisser refroidir.

Pour la sauce, faire d'abord tremper les feuilles de thé 20 minutes dans le vinaigre de riz pour un thé de basse qualité ou dans l'eau froide pour un thé de bonne qualité. Égoutter et retirer les feuilles. Ajouter les 15 ml (1 c. à soupe) restants d'huile de sésame, la sauce soya, le sucre et l'huile d'olive, et bien mélanger.

Tailler le poulet en petits morceaux et combiner avec les amandes, les châtaignes d'eau et la laitue. Ajouter la sauce et servir immédiatement.

LES CREVETTES AU THÉ OOLONG OU AU POUCHONG
Donne 2 ou 3 portions.

30 ml (2 c. à soupe) de thé oolong ou de Pou-chong
250 ml (1 tasse) d'eau de source
1 douzaine de grosses crevettes
Laitues au choix, lavées et asséchées
15 ml (1 c. à soupe) de zeste de citron (pour garnir)
15 ml (1 c. à soupe) d'oignons verts hachés (pour garnir)

Infuser le thé dans l'eau de source durant une vingtaine de minutes.

Transvider l'infusion dans une poêle et chauffer à feu doux. Faire pocher les crevettes dans le thé chaud de 3 à 5 minutes, jusqu'à ce que les crevettes soient devenues roses. Retirer l'infusion et réserver les crevettes.

Recouvrir deux ou trois assiettes de laitue et y déposer les crevettes. Garnir avec le zeste de citron et les oignons verts hachés. Une vinaigrette légère peut être ajoutée au goût.

Servir avec un riz blanc.

La soupe au saumon, au cresson et au Sencha
Donne 4 portions.

40 ml (2 1/2 c. à soupe combles) de feuilles de Sencha (ou de Hojicha)
500 ml (16 onces) d'eau de source
2 gros filets de saumon de 2 cm (3/4 po) d'épais
15 ml (1 c. à soupe) d'huile d'olive
Poivre blanc au goût
1 litre (4 tasses) de riz cuit et refroidi
125 ml (1/2 tasse) de cresson grossièrement haché
8 ml (1/2 c. à soupe) de wasabi (que vous trouverez dans les produits japonais)
1 feuille d'algue Nori rôtie et coupée en fines lanières

Faire infuser le Sencha dans l'eau de source chaude (75 ºC) durant à peu près deux minutes. Décanter immédiatement et réserver.

Étendre au pinceau l'huile d'olive sur les filets et saupoudrer du poivre de chaque côté.

Griller ou bouillir le saumon environ quatre minutes de chaque côté, selon la grosseur. Il est cuit lorsqu'il se défait bien à la fourchette.

Retirer délicatement la peau et les arêtes du saumon et le défaire ensuite en morceaux, à la fourchette.

Placer le riz dans quatre bols profonds et poser les morceaux de poisson par-dessus. Parsemer le tout de cresson. Ajouter l'infusion de Sencha, chaude, dans chaque bol, jusqu'à ce que le riz soit submergé.

Dans un petit bol, diluer le wasabi avec un peu de l'infusion de Sencha. Garnir chacun des bols avec le Nori et une petite pointe de wasabi (très fort).

Servir immédiatement.

CHAPITRE 9
LE THÉ UTILITAIRE

*E*n plus d'être bon au goût, bon pour la santé et d'être un ingrédient fort intéressant aussi bien dans la cuisine que dans la salle de bain, le thé — surtout le vert — peut se montrer utile à bien d'autres endroits encore.

Le thé vert possède, entre autres, une odeur qui a le pouvoir de chasser les effluves désagréables. Aussi, on peut l'utiliser tant dans la litière du chat que dans le frigo afin d'éliminer les mauvaises odeurs indésirables. Même lorsque vous faites à manger et que vos mains restent aux prises avec de fortes odeurs, comme celle de l'échalote, de l'oignon ou du poisson, pensez au thé vert. Prenez simplement quelques feuilles et frottez-les quelques instants dans vos mains; les feuilles absorberont en un rien de temps les odeurs dont vous vouliez vous débarrasser.

Vos tapis et carpettes peuvent aussi bénéficier du thé vert. Non seulement il les purifiera, mais il les nettoiera. Vous n'avez qu'à répandre des feuilles de thé vert sur vos tapis, à frotter doucement et à brosser. Passez enfin l'aspirateur et le tour est joué.

Ne jetez plus vos restes de thé vert. Vos plantes sauraient aussi en tirer profit et bien davantage que vos poubelles. Arrosez-les donc avec ce qui reste de l'infusion et recouvrez la terre du dessus avec les feuilles. Vos plantes se trouveront du coup bien alimentées et sortiront revigorées de ce supplément de vitamines.

Si vous êtes aux prises avec des moustiques que vous cherchez par tous les moyens à faire fuir, le thé vert peut encore une fois vous venir en aide. Il suffit de brûler quelques feuilles de ce thé dans un petit contenant ouvert et à l'épreuve du feu. Les moustiques, vraisemblablement, n'aiment pas l'odeur ainsi dégagée; ils vous ficheront la paix. Les mites n'apprécient pas tellement le thé vert non plus. Alors, pour éviter qu'elles viennent gâcher vos plus beaux chandails, offrez-leur quelques petits sachets de thé vert égarés çà et là dans vos tiroirs.

Enfin, sachez que le thé, qu'il soit noir ou vert, est utilisé depuis des millénaires pour teindre tant les tissus que les meubles. La recette est simple: du thé, de l'eau, dans une proportion de 3 pour 1. On laisse infuser le liquide durant une heure à la température de la pièce, puis on laisse tremper le vêtement ou autre chose durant 20 minutes dans la teinture. Au bout de 20 minutes, on vérifie si la couleur nous plaît. Si le résultat est celui escompté, on retire le vêtement du liquide et on le laisse sécher à l'air libre. Si une couleur plus intense est souhaitée, on le remet à tremper pour encore 20 minutes.

SUR LE NET!

Voici quelques adresses Internet qui pourraient être utiles à quiconque s'intéresse au thé sous toutes ses formes.

• American Tea Master Association: www.atma.com

• La Société du thé: www.la-societe-du-the.com

• The Tea House: www.theteahouse.com

LE MOT DE LA FIN

onde poétique s'il en est un, celui du thé, avec ses jardins, ses pays exotiques, ses fleurs, ses couleurs et ses odeurs, porte en lui une richesse plus que millénaire. Lié à l'art, à la paix, à la sérénité, il nous invite jour après jour, tasse après tasse, à un voyage intérieur autant qu'à une communication réelle avec les autres.

Invitation au voyage, voilà le message que nous livre le thé, boisson ouverte par excellence, celle qui, tout comme l'eau, se boit à toute heure du jour ou de la nuit. Celle qui se boit seule ou avec d'autres, dans le brouhaha de la fête, dans la solitude ou dans le calme de la nature. Symbole de raffinement aussi bien que de fête, le rituel du thé se pratique partout sur la planète, chaque pays y apportant ses goûts, ses couleurs, sa marque.

Que l'on soit infiniment riche ou vraiment pauvre, le thé est disponible, il s'offre, il se donne. Pour une bouchée de pain, il laisse des souvenirs de Chine, du Japon ou de l'Inde sur des milliards de palais sur toute la planète et depuis la nuit des temps. À prix d'or, il fait ouvrir les pivoines dans les verres sous des yeux toujours ébahis de tant de surprises.

Honorable boisson aux couleurs subtiles ou trépidantes qui se boit chaude, qui se boit froide, qui sait réchauffer aussi bien qu'étancher la soif; qui sait soigner et retarder la vieillesse. A-t-on jamais vu autant d'aptitudes dans un même petit bol? Le faire et le servir peut bien relever de l'art, vénérable infusion, boisson légendaire aimée des moines bouddhistes autant que des reines. Naturel ou sucré, corsé ou léger, noir, blanc jaune ou vert, il s'adapte à tous, à tous les goûts et laisse la nature répondre sans cesse de la toute dernière subtilité, ne révélant jamais les mêmes secrets. Ami du silence, porteur de sens, le thé est aussi inspirant.

De tout temps, les artistes ont laissé les muses mettre le thé au service de leur art. On le trouve ainsi dans maints tableaux de prestige autant que dans des œuvres littéraires d'auteurs tout aussi prestigieux. Sans compter qu'il a contribué de belle façon au développement de tout l'art de la céramique et de la porcelaine. Aussi, s'intéresser au thé, c'est s'intéresser à une multitude de choses, c'est s'ouvrir au monde par les orifices les plus inattendus, c'est laisser poindre des horizons aussi philosophiques que culturels, aussi symboliques qu'historiques.

Excitant au même titre que son plus grand «concurrent», le café, le thé est aussi bourré par moments de vitamine C. C'est un stimulant dont il faut parfois se méfier: sous ses airs de calme, il peut aussi nous entraîner vers les sommets de la palpitation. À ce titre, il est tout de même le compagnon rêvé du travailleur acharné qui s'enflamme à la faveur de la nuit.

Mais bien au-delà des mots, des descriptifs, des caractéristiques, le thé crée des liens solides entre le temps et les hommes, et entre les hommes eux-mêmes. Il est porteur d'amitié, d'amour, de sincérité. Pour comprendre tout le sens qu'il cache, tout le bonheur qu'il peut offrir, il faut le boire, le boire vraiment, le pratiquer, avec toute la vie dedans. Et le thé devient vivant. Et le thé rend plus vivant.

TABLE
DES MATIÈRES

INTRODUCTION 7

CHAPITRE 1
L'HISTOIRE ET LES ORIGINES DU THÉ 11
LES PAYS DU THÉ 15
LES DIFFÉRENCES CULTURELLES 16
L'INTRODUCTION EN OCCIDENT 19
L'HEURE DU THÉ 20
MONSIEUR LIPTON ET CIE. 22
LES MAISONS DE THÉ 24
LES SALONS DE THÉ. 25

CHAPITRE 2
LA PRODUCTION DU THÉ 27
D'ABORD, LE THÉIER 29
ÉTAPE PAR ÉTAPE 29

LA PRODUCTION EN CHINE 32
LA PRODUCTION EN INDE. 33
LA PRODUCTION AU JAPON 34
LA PRODUCTION DES AUTRES PAYS. 35
   La Corée. 36
   Le Népal. 36
   Le Sri Lanka. 36
   La Taiwan (Formose) 37
   Le Vietnam 37
   L'Indonésie 37
   Le Kenya 38

CHAPITRE 3
 LE THÉ AU QUOTIDIEN 39
CHEZ NOUS... 39
... ET DANS LE MONDE 40
CHOISIR LE THÉ 41
LE PRIX DU THÉ. 43
POUR UNE TASSE DE THÉ PARFAITE 44
DU LAIT OU DU CITRON? 48
DÉGUSTER! 50
LE VOCABULAIRE DE LA DÉGUSTATION 51
QUAND SERVIR LE THÉ. 53
   Les thés chinois 54
   Les thés verts japonais 54
   Les thés indiens 54
   Les thés de Ceylan 55
LA CONSERVATION DU THÉ 55
LES «INSTRUMENTS» ET LA VAISSELLE 56
   La théière. 57

Le service à thé Gung Fu 60
Le gaiwan. 61
Les boules et les autres filtres 61
Le cosy 63
Le samovar 63
La boîte à thé 64
LE NETTOYAGE 65

CHAPITRE 4
LES TYPES DE THÉ 67
UNE VARIÉTÉ DE THÉS 67
LE THÉ NOIR. 69
L'Assam 72
Le Ceylan. 73
Le Darjeeling. 73
Le Keemum. 75
Le Lapsang Souchong. 75
Le Nilgiri 76
Le Sikkim 76
Le Yunnan 76
LE THÉ VERT. 77
Le Bancha 78
Le Baojong. 78
Le Chun Mei 78
Le Dragonwell (Long Jing) 78
Le Dong Yang Dong Hai. 79
L'Eshan Pekoe 79
Le Genmaicha. 79
Le Gunpower 80
Le Guzhan Maohan (Mao Jin). 80

Le Gyokuro 80
Le Hojicha 81
Le Hyson 81
L'Imperial 81
La Jambe d'araignée 81
Le Lu Shan Yun Wu (nuages et brume) 82
Le Matcha et le Tencha. 82
Le Pan Long Yin Hao. 82
Le Pei Hou 82
Les Perles vertes (balles de soie) 82
Le Pi Lo Chun 83
Le Sencha 83
Le Taiping Hougui 83
Le Twankay 83
Le Young Hyson 83
LE THÉ OOLONG 83
Le thé oolong de Formose 84
Le Tie Guanyin 85
Le Pu'er 85
LE THÉ BLANC 86
LES MÉLANGES POPULAIRES 86
Le thé English Breakfast 87
Le thé Irish Breakfast. 87
Le Brunch Tea. 87
L'Afternoon Tea 87
La Caravane russe 87
Le Goût russe 88
LES THÉS PARFUMÉS. 88
Le thé au jasmin 88
Le thé Earl Grey 88
Le thé aux fleurs de lotus 89

LES THÉS AROMATISÉS 89
LES THÉS INSTANTANÉS. 90
LES THÉS EN SACHET 91
LES THÉS «FAÇONNÉS» 92

CHAPITRE 5
LE THÉ ET LA SANTÉ 93
LE THÉ ET LE CANCER. 95
LE THÉ ET LES MALADIES CARDIOVASCULAIRES. 98
LE POINT SUR LA CAFÉINE. 99
LE SUPPLÉMENT DE THÉ VERT 101
LES UTILISATIONS «BEAUTÉ» 101
  Le masque au thé vert. 101
  Les sachets de bain au thé vert 102
  Les sels de bain au Matcha 103
DIX BONNES RAISONS DE BOIRE DU THÉ. 104

CHAPITRE 6
L'ESPRIT DU THÉ 105
LA CÉRÉMONIE DE THÉ JAPONAISE 110
  Le déroulement 113
  Les vêtements. 114
  Le Matcha 115
LA «CÉRÉMONIE» CHINOISE: LE GONG FU 115
  La préparation étape par étape. 117
  La préparation du thé en zhong 119

CHAPITRE 7
LIRE L'AVENIR DANS LE THÉ 121
COMMENT FAIRE 122
LES SYMBOLES. 124
  Les symboles de bon augure 124
  Les symboles de mauvais augure 124
  Les autres symboles 124

CHAPITRE 8
DES RECETTES 127
LE THÉ EN ACCOMPAGNEMENT 128
  Les accords mets-thé 128
DES RECETTES... À BOIRE! 129
  Un bon thé glacé 129
  Des glaçons au thé. 131
  Le thé à la menthe 131
  Le thé siamois. 132
  Le Masala tchai. 132
  Le Matcha traditionnel 133
DES RECETTES... À MANGER! 134
  La salade de poulet chinoise au thé vert 134
  Les crevettes au thé oolong ou au Pouchong . . . 135
  La soupe au saumon, au cresson et au Sencha . 136

Chapitre 9
LE THÉ UTILITAIRE 139
SUR LE NET! 141

LE MOT DE LA FIN 143

DARJeeling pa.74